WILFRIED KROKOWSKI/FRANZ-JOSEF MÖFFERT

Der Rahmenvertrag als strategisches Instrument im Einkauf

Praxisreihe Einkauf/Materialwirtschaft

Herausgegeben von

Prof. Dr. Horst Hartmann

Band 21

Wilfried Krokowski/Franz-Josef Möffert

Der Rahmenvertrag
als strategisches Instrument
im Einkauf

Edition Wissenschaft & Praxis

Bibliografische Information der Deutschen Nationalbibliothek

Die Deutsche Nationalbibliothek verzeichnet diese Publikation in
der Deutschen Nationalbibliografie; detaillierte bibliografische Daten
sind im Internet über http://dnb.d-nb.de abrufbar.

© 2020 Edition Wissenschaft & Praxis
bei Duncker & Humblot GmbH, Berlin
Satz: TextFormArt, Daniela Weiland, Göttingen
Druck: CPI buchbücher.de GmbH, Birkach
Printed in Germany

ISSN 2702-2234
ISBN 978-3-89673-762-5 (Print)
ISBN 978-3-89644-762-3 (E-Book)

Gedruckt auf alterungsbeständigem (säurefreiem) Papier
entsprechend ISO 9706 ⊗

Internet: http://www.duncker-humblot.de

Vorwort des Herausgebers

Der Rahmenvertrag ist kein starres Vertragsdokument, das dem Standard allgemeiner Geschäftsbedingungen gleichkommt. Im Gegenteil: Mit ihm bestimmt und lenkt der Einkäufer – wie in dem vorliegenden Buch überzeugend dargestellt – seine Lieferantenpolitik und setzt Schwerpunkte im Lieferantenmanagement. Die Palette eines innovativ gestalteten Rahmenvertrages kann von der Vernetzung neuer Kommunikationsstrukturen über alternative Logistikprozesse bis zur nachhaltigen Qualitätssicherungsvereinbarung reichen. Dazu bedarf es eines festgelegten vertraglichen Rahmens, der sich innerhalb eines durch die Gesetzgebung und Rechtssprechung vorgegebenen Korridors bewegen muss.

Bei der Gestaltung und dem Abschluss von Rahmenverträgen geht es nicht nur um fachliche Fragen, sondern stets auch um die Wirkung eines solchen Vertrages. Daher wird dieses Thema in dem vorliegenden Fachbuch aus einem fachlichen und juristischen Blickwinkel betrachtet. Dazu bringen die Autoren Krokowski (Einkauf) und Möffert (Rechtsanwalt) gemeinsam ihre jahrzehntelangen Erfahrungen in die Gestaltung ein. Es ist wichtig zu wissen, was in einem Rahmenvertrag unbedingt geregelt werden muss, damit – ob lokal, regional oder international – eine dauerhafte Kunden-Lieferanten-Beziehung gesichert bleibt.

Das Buch trägt in überzeugender Weise zu der Erkenntnis bei, dass Rahmenverträge im modernen Einkauf zu einem strategischen Werkzeug geworden sind. Es zahlt sich für den Einkaufspraktiker buchstäblich aus, wenn er die nicht im „Juristendeutsch" geschriebenen Ausführungen als wegweisende Unterstützung bei der Vorbereitung und Durchführung von Rahmenvertragsverhandlungen heranzieht.

Es ist aber auch für Studierende mit dem Schwerpunkt Einkauf/Logistik geschrieben, damit ihnen der Einstieg in die berufliche Praxis erleichtert wird. Dabei helfen ihnen die zahllosen Praxistipps der erfahrenen Autoren ebenso wie die detailliert aufgebauten Checklisten, die zur Früherkennung von Problemen und Fehlern in der eigenen Konzeption beitragen können.

Die Autoren des Fachbuches, das in der Praxisreihe „Einkauf/Materialwirtschaft" als Band 21 erscheint, wären dankbar, wenn sie von interessierten Leser/innen ein sachlich-fachliches Feedback erhielten. Denn auch in diesem Fall gilt die Erkenntnis: „Nobody is perfect"!

Im Sommer 2020

Horst Hartmann
(Herausgeber der Praxisreihe)

Vorwort

Rahmenverträge zwischen Einkauf und Lieferanten sollen neben Liefersicherheit und stabilen Preisen auch Prozesse im Einkauf und Unternehmen beschleunigen und vereinfachen. Rahmenverträge sind zu einem nicht mehr weg zu denkenden strategischen Werkzeug im modernen Einkauf geworden.

Während der Vertragsverhandlungen des Einkaufs mit seinen Lieferanten, mit dem Ziel einen optimalen Rahmenvertrag zu erlangen, gilt es die Merkmale und Anforderungen sowie die Ausprägung des Rahmenvertrages genau zu beschreiben und zu berücksichtigen.

Natürlich dürfen auch die juristischen Fragen nicht außer Acht gelassen werden. Was nützt aus Sicht des Einkäufers ein guter Vertrag, wenn er beim ersten Stresstest die juristischen Hürden nicht erfolgreich besteht. Daher ist das Ziel der Autoren, den Leser und zukünftigen Gestalter von Rahmenverträgen über die rechtlichen Auswirkungen zu informieren und Hintergrundinformationen darüber zu vermitteln, welche Folgen falsche oder fehlende Textpassagen haben können. Damit zieht sich der wirtschaftliche und rechtliche Korridor mit seinen zu beachtenden Leitplanken wie ein roter Faden durch den zugrunde liegenden Mustervertrag.

Die Chancen des Rahmenvertrages nutzen und Risiken vermeiden ist das Leitmotiv dieses Buches.

Dipl.-Ing. Wilfried Krokowski   *Franz-Josef Möffert, LL. M.*

Inhalt

1. Der Rahmenvertrag
als strategisches Instrument im Einkauf

Der Rahmenvertrag als strategisches Instrument bzw. Werkzeug im Einkauf. Dieser Satz beschreibt die Bedeutung des Rahmenvertrages im modernen Einkauf. Wer im Einkauf gestalten und führen will, kommt an dem Instrument des Rahmenvertrages nicht vorbei. Je besser ein Einkäufer dieses Werkzeug in seiner Gänze versteht und zielgerichtet einsetzen kann, je erfolgreicher wird sein Ergebnis sein. Der Rahmenvertag kann Grundlage eines intensiven Lieferantenmanagements sein, den rechtlichen Rahmen einer Vertragsbeziehung darstellen oder auch organisatorische Hilfestellung bei der Festlegung von neuen Abläufen und Prozessen mit strategischen Lieferanten bieten.

Während der Vertragsverhandlungen des Einkaufs mit seinen Lieferanten, mit dem Ziel einen optimalen Rahmenvertrag zu erlangen, gilt es die Merkmale und die Ausprägung des Rahmenvertrages genau zu beschreiben. Punkte wie: Leistungsfähigkeit (Menge und Kapazitäten), Zuverlässigkeit und Termintreue, Flexibilität bei Bedarfsanpassungen (nach oben und nach unten), Qualitätsmerkmale, Transparenz und Offenheit bei Kostenkalkulationen und Abwicklungsprozessen sowie Regelungen bei Nichterfüllung gehören zu den Grundlagen eines ordentlich gestalteten Rahmenvertrages. Natürlich dürfen auch Vereinbarungen zu Fragen der Logistik, Zahlungsarten, Kommunikation und Datenaustausch im Vertrag nicht fehlen. Ein Rahmenvertrag ist ein realistisches Abbild wie ich mit meinem Lieferanten umgehe, geschieht dies partnerschaftlich und mit gemeinsam definierten Zielen oder ist der Rahmenvertrag Ausdruck einer Einkaufsmacht, sinnvoll und erfolgreicher ist sicherlich der erste Ansatz, der gemeinschaftliche.

Wird der Rahmenvertrag so gesehen und auch so umgesetzt, dann ist er der Wegbereiter für einen schlanken und effizienten Einkauf. Er schafft neue Freiräume im Einkauf und steht für ein modernes Lieferantenmanagement.

1.1 Der Rahmenvertrag als Gewinnbeitrag des Einkaufs –
Kosten- und Prozessoptimierung

Schauen wir uns einmal den gesamten Prozess von der Bedarfsmeldung bis hin zur Bereitstellung im eigenen Unternehmen einmal näher an, so stellen wir fest, dass neben den Belangen der Technik (Spezifikation, Beschreibungen und Dokumente) und Qualität (Anforderungen, Inspektionen, Zertifikate etc.) eine Menge von Punkten aus den kaufmännischen Bereichen eine Rolle spielen (siehe Abbildung 1). In allen Bereichen des Informations-, Zahlungs- oder Materialflusses gibt es Punkte, die sich lohnen näher betrachtet und in einer vertraglichen Form eingebunden zu werden. Hier genau setzt der Wert des Rahmenvertrages an. Mit einem wohldurchdachten Rahmenvertrag werden all diese Prozesspunkte besprochen und einer individuellen Betrachtung unterzogen. Letztendlich müssen beide Vertragsparteien sich darüber verständigen, welche Vertragspunkte kurz-, mittel- oder langfristig optimiert werden können.

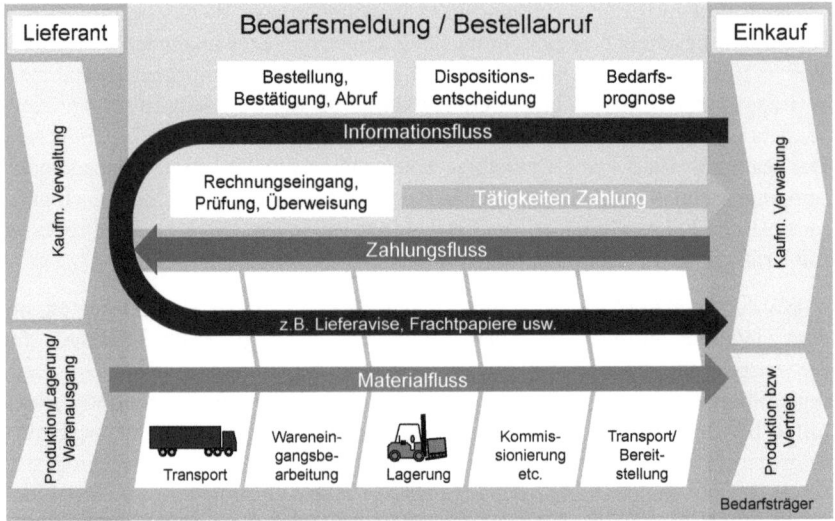

© Prof. Dr. K.D. Lorenzen / Dipl.-Ing. W. Krokowski – Fachhochschule Kiel „Institut für Supply Chain und Operations Management"

Abbildung 1: Der Bestellprozess von der Bedarfsmeldung zur Bereitstellung

1.1.1 Rahmenverträge aus Gründen der Kostenoptimierung

Rahmenverträge können aus Gründen der Kostenoptimierung geschlossen werden, da sie eine Mengenbündelung zur Grundlage haben und den Lieferanten in die Lage versetzt seine Fertigung und Materialeinkäufe kostengünstiger zu gestalten. Preise in Rahmenverträgen werden immer günstiger sein als der Preis in einer Einzelbestellung.

Ferner dienen Rahmenverträge zur Preisabsicherung über einen längeren Zeitraum. Sind wir zum Beispiel auf fixe Preise über ein oder zwei Jahre (im Projekt vielleicht noch länger) angewiesen, so ist der Rahmenvertrag ein absolutes Muss und dient der Risikominimierung und Absicherung der Kostenkalkulation im Unternehmen. Preisschwankungen können somit weitestgehend vermieden werden.

1.1.2 Rahmenverträge aus Gründen der Prozessoptimierung

Im Verantwortungsbereich des Einkaufs sind einerseits die Einkaufsprozesse (z. B. Bedarfsspezifikation, Lieferantenauswahl, Verhandlungen, Bestellprozesse, …) selbst zu betrachten. Hinzukommen aber auch die beschaffungslogistischen Prozesse, da der Einkauf im Rahmen der Vertragsverhandlungen mit Lieferanten die Art und Weise der Beschaffungslogistik (vom Lieferanten bis zum Bedarfsträger) festlegt. Die Gestaltung dieser Prozesse hat Auswirkungen in Richtung Kunden auf folgende Merkmale im Unternehmen:

– die *Lieferzeit* der erzeugten Güter und Materialien,

– die entsprechende *Wettbewerbsfähigkeit* (z. B. Kosten),

– die *Leistungsfähigkeit* (z. B. verfügbare Mengen),

– die *Zuverlässigkeit* (z. B. Termintreue),

– die *Flexibilität* z. B. bei der Anpassbarkeit bei der Änderung von Kundenanforderungen.

Rahmenverträge zwischen Einkauf und Lieferanten sollen daher neben Liefersicherheit und stabilen Preisen, auch Prozesse im Einkauf und Unternehmen beschleunigen und vereinfachen. Welche Prozesse in Summe tangiert werden ist bereits in der Abbildung 1 dargestellt worden.

Ziel des Rahmenvertrages ist neben der unter 1.1.1. beschriebenen Kostenreduzierung auch die Prozessoptimierung. Die Prozesse *(wichtig ist hierbei der abteilungsübergreifende Ansatz)* sollen optimiert und schlanker und effektiver gestaltet werden. Dies betrifft nicht nur die Bestellabwicklung als solche, sondern auch Vereinbarungen zu Prozessen der Logistik (Anlieferverfahren, Verpackung etc.), Zahlungsabwicklung, Qualität, Wareneingang und Warendurchlauf, Begleitdokumente (Barcode oder RFID) bis hin zur Kommunikation und dem Datenaustausch (Stichwort EDI).

Ziel der Prozessoptimierung ist auch eine Kostenreduzierung die sich ergeben kann durch:

– manuelle Tätigkeiten im Bestell- und Wareneingangsprozess werden verringert.

– Einzelaufträge können durch Sammellieferungen gebündelt werden.

– nur bei abweichenden Bestellrückmeldungen finden Aktionen statt, der Regelfall, bei denen keine Abweichungen auftreten, läuft automatisch.

– Fehleingaben werden vermieden und der Prozess läuft weitestgehend papierlos.

– auch andere Abteilungen wie die Qualitätsabteilung, die Logistik und das Rechnungswesen profitieren von den optimierten Prozessen.

– letztendlich führen all die Aktionen auch zu optimalen Lagerbeständen und damit verbunden zu einer wesentlichen Reduzierung der Kapitalbindungskosten.

1.2 Wann machen Rahmenverträge Sinn?

Rahmenverträge machen besonders bei den strategischen A und B Lieferanten Sinn. Denn bei diesen ist eine Langfristigkeit und wirtschaftliche Umsetzung gegeben. Daher gilt zunächst eine Festlegung für welche Lieferanten der Aufwand zum Abschluss eines Rahmenvertrages sinnvoll erscheint. Am Anfang stehen vielleicht erst 10 Lieferanten an, mit denen man diesen Aufwand betreibt. Nachdem man dann die ersten Erfahrungen gesammelt hat, werden andere Ziele angestrebt. Benchmark Studien mit Einkaufsbereichen mittelständischer Unternehmen haben einen Anteil von 20–40 % (basierend auf die Anzahl der aktiven Lieferanten) als Bandbreite definiert, in denen der Deckungsgrad von Rahmenverträgen liegen sollte. Zu empfehlen ist daher bei den jährlich stattfindenden Strategiegesprächen mit der Geschäftsführung und den entsprechenden Vorgesetzten eine gezielte Steigerung dieser Rate anzustreben.

1.3 Der Rahmenvertrag als Einzelvereinbarung, nicht als Standardvertrag

Wichtig für den Erfolg in der Handhabung von Rahmenverträgen ist dessen grundsätzliches Verständnis. Ein Rahmenvertrag ist primär ein strategisches Instrument des Einkaufs und sekundär ein juristisches Dokument. Natürlich müssen juristische Belange berücksichtigt werden und dies ist auch Bestandteil dieses Buches, allerdings geht es in erster Linie darum, den Rahmenvertrag als strategisches Handwerkszeug des Einkäufers zu betrachten und den Lieferanten in den verschiedensten Prozessbereichen zu integrieren, wo immer es sinnvoll und wirtschaftlich erscheint. Im zweiten Kapitel dieses Buches werden dann die rechtlichen Belange erörtert, damit der Rahmenvertrag auch seine notwendige Legalität erhält. Daher ist der Rahmenvertrag nicht ein Vertragswerk wie die „Allgemeinen Einkaufsbedingungen" sondern ein individuell erstelltes Vertragswerk.

1.4 Inhalte eines Rahmenvertrages aus Einkaufssicht

Aus Sicht des Einkaufs sollten folgende Punkte in den Verhandlungen mit den entsprechenden Lieferanten angesprochen und vereinbart werden:

– *Laufzeit* (Zeitraum oder Gesamtmenge)

Anmerkung: Dies ist natürlich abhängig vom Produkt und den Marktbedingungen und ggf. den Rohstoffpreisentwicklungen. Grundsätzlich ist eine Abwägung zu treffen, welcher Faktor dominiert Preissicherheit oder ein schwankender Preis der nach unten als auch nach oben driften kann. Eventuell können beide Faktoren miteinander verknüpft werden und man vereinbart eine Preisgleitklausel und teilt sich den Gewinn und Verlust aus der neuen Preisentwicklung zu gleichen Anteilen, damit würde man das Risiko um 50 % reduzieren. Ferner könnte man noch zusätzlich eine Bandbreite definieren in welchem der Preis stabil bleibt, zum Beispiel ein Bereich von +/−5 %, damit wären absolut betrachtet noch weitere insgesamt 10 % kostenneutral.

Welche Preisgleitklausel letztendlich zum Einsatz kommt, ist abhängig vom Verhandlungsergebnis zwischen Einkauf und Lieferant.

– *Voraussichtlicher Jahresbedarf*

Anmerkung: Die Jahresbedarfsmenge ist ein unverbindlicher Richtwert, der allerdings seriös ermittelt wurde und keine Phantasiezahlen zur Grundlage haben sollte. Verbindlich für die Abnahme ist die Menge des jeweiligen Abrufes aus dem Rahmenvertrag.

– *Lieferzeiten*

Anmerkung: Was sind die Lieferzeiten innerhalb der mitgeteilten Mengen und welche Lieferzeiten ergeben sich bei Mengen außerhalb der Vorausschau? Damit die Lieferzeiten reduziert werden können, kann gegebenenfalls noch eine Zusatzvereinbarungen getroffen werden, hinsichtlich der Vorabdisposition von Rohmaterialien oder Vormaterialien mit einer langen Wiederbeschaffungszeit. Allerdings müsste hier dann über eine Abnahmeverpflichtung seitens des Auftraggebers verhandelt werden. Vertragsstrafen bei Überschreiten der vereinbarten Liefertermine, kann hier auch Gegenstand der Verhandlungen sein.

– *Verpackung/Anlieferung*

Anmerkung: Hierbei geht es um die Mengeneinheiten je Abruf, einen speziellen Wochentag für die Anlieferung, vorgegebenes Transportunternehmen, genaue Beschreibung des Anlieferortes, Art der Verpackung bzw. Art der Dokumente oder Vorabinformationen der Lieferungen.

– *Kontaktpersonen*

Anmerkung: Wer ist der genaue Ansprechpartner auf beiden Seiten und wer ruft ab und wer erhält welche Informationen.

– *Rechnungsstellung*

Anmerkung: Es besteht die Möglichkeit die Rechnungsstellung zu optimieren durch Monats- oder Quartalsrechnungen oder auch durch ein zu vereinbarendes automatisches Gutschriftverfahrens.

– *Zahlungsziel*

Anmerkung: Festlegung des Zahlungsziels zum Beispiel: 14 Tage mit Skonto oder 30 Tage netto. Ferner ist zu überlegen, ob eventuell eine Bonus-Regelung mit dem Lieferanten vereinbart werden kann, wenn gewisse Mengen erreicht oder überschritten werden.

– *Auftragsbestätigung*

Anmerkung: Um die Papier- und Datenflut zu reduzieren und den Prozess zu optimieren, wäre zu diskutieren, ob nur noch Terminabweichungen kommuniziert werden und alle anderen Abruftermine gelten automatisch als anerkannt, wenn sie innerhalb der vereinbarten Lieferzeiten liegen.

– *Auftragsliste/Reporting*

Anmerkung: Welche Inhalte betreffen ein vereinbartes Reporting und wann werden die Reports übermittelt (wöchentlich, monatlich, quartalsmäßig)?

– *Garantie/Gewährleistung und Zeiten zur Reklamation*

Anmerkung: Wie erfolgt die Abwicklung im Garantie- und Gewährleistungsfall? Eine Beschreibung der Abwicklung.

– *Sonstige gesetzliche Bestimmungen*

Anmerkung: Siehe Kapitel 2 dieses Buches.

Es ist zu empfehlen den Rahmenvertrag in ein Hauptvertragswerk (Festlegung der Basics) und variierenden Anlagen aufzuteilen. Damit wird auch eine gewisse Flexibilität gewährleitet und die dynamischen Anforderungen an einem Rahmenvertrag Rechnung getragen, ohne dass der Rahmenvertag als solches jedes Mal neu verhandelt werden muss. Als Anlagen könnten dem Rahmenvertrag beigefügt werden:

– *Preis- und Artikelliste*

Anmerkung: Damit muss nicht der „Grund„-Rahmenvertrag jeweils geändert werden, wenn neue Preise oder Artikel definiert werden. Hier kann eventuell auch die aktuelle Lieferzeit eingefügt werden.

– *QSV – Qualitätssicherungsvereinbarung*

Anmerkung: Wichtig ist, dass eine eventuelle erst später zu vereinbarende QSV Bestandteil des Rahmenvertrages ist. Den Zeitraum wann es zu einer Vereinbarung kommt liegt teilweise nicht in den Händen des Einkaufs und kann somit ohne gravierende Auswirkungen auf den Gesamtrahmenvertrag auch später nachgereicht werden.

– *Logistikvereinbarung*

Anmerkung: Hier werden die besonderen Anlieferverfahren (Sammellieferungen, Anliefertage, Abstellorte der Warensendungen etc.) oder sonstige logistische Besonderheiten (z.B. Kanban oder JIT Verfahren) festgelegt.

– *IT und Datenaustausch*

Anmerkung: Hier könnten Vereinbarungen wie z.B. EDI- oder Barcode-Verfahren hinzugefügt werden.

1.5 Der richtige Zeitpunkt zum Abschluss eines Rahmenvertrages

Es sollte wohl überlegt werden, wann der richtige Zeitpunkt zur Aufnahme von Rahmenvertragsverhandlungen gekommen ist. Der richtige Zeitpunkt ist im Wesentlichen von drei Faktoren abhängig:

a) die Marktsituation

Der günstigste Zeitpunkt ist die Niedrigpreisphase oder der Beginn von steigenden Preisen, damit kann über einen weiteren Zeitraum vermieden werden, dass die Preiserhöhungen (in der Regel bei steigenden Rohstoffpreisen) direkt durchschlagen. Es wird dem Lieferanten die Möglichkeit gegeben, sich mit seinen Vormaterialen entsprechen einzudecken. Ein Preisabschluss auf dem Höhepunkt der Rohstoffpreisentwicklung sollte natürlich auch nicht angestrebt werden.

Zum zweiten ist ein Rahmenvertrag in Zeiten geringer Materialverfügbarkeit von Vorteil, auch hier kann eine reibungslose Materialversorgung durch langfristige Rahmenverträge von Vorteil sein.

b) die eigene Lage im Unternehmen

Das eigene Unternehmen muss bereit sein gemeinsam diesen Weg von Rahmenverträgen und längerfristigen Lieferantenverträgen zu gehen. Es müssen einigermaßen realistische Bedarfsprognosen vorliegen und der Lieferant soll längerfristig ans Unternehmen gebunden werden. Die Nachbarabteilungen wie Qualität, Wareneingang, interne Logistik und das Rechnungswesen sollten in den Aktionen mit eingebunden werden.

c) die Bereitschaft beim Lieferanten

Der Lieferant muss den Rahmenvertrag für sinnvoll betrachten und sich aktiv mit einbringen. Er muss den Vorteil für ihn in Abschluss solch einer Vereinbarung erkennen. Für den Lieferanten besteht der eindeutige Vorteil einer längerfristigen Kundenbeziehung und der Kostenoptimierung innerhalb seiner Produktion und Prozesse. Ein Rahmenvertrag ist ein sehr gutes Beispiel einer Win-win-Beziehung zwischen Einkauf und Lieferant.

1.6 Wie verhandele ich erfolgreich einen Rahmenvertrag?

Ein erfolgreicher Rahmenvertrag ist ein klassischer Fall von Team- und Projektarbeit. Der Einkäufer hat hierbei die Funktion des Moderators und Koordinators, er ist für das „Projekt Rahmenvertrag" verantwortlich und führt das Team. Beteiligt an dem Abschluss sind die schon angesprochenen Nachbarabteilungen Qualität, Wareneingang, interne Logistik, das Rechnungswesen und gegebenenfalls zusätzlich noch die Rechts- und IT-Abteilung.

Jeder Rahmenvertrag ist individuell zu gestalten. Die Lieferanten, Produkte und Anforderungen variieren von Vertrag zu Vertrag. Daher ist auch viel Wert auf die Vorbereitung zu legen. Der Einkäufer sollte sich im Vorfeld über die möglichen Inhalte und Vorgaben im Klaren sein.

Rahmenverträge werden nicht mal schnell nebenher verhandelt und abgeschlossen. Entsprechende Zeiträume und Kapazitäten müssen eingeplant und vorhanden sein. Die entsprechenden Informationen wie, Bedarfsprognosen, Unternehmensanforderungen der einzelnen Fachabteilungen, Rahmenvertragstexte (inklusiv der möglichen Anlagen) sollten vorformuliert sein, gegebenenfalls sollten auch alternative Vertragsbedingungen erarbeitet werden.

Sind all diese Rahmenbedingungen gegeben, steht der Verhandlung dem späteren erfolgreichen Vertragsabschluss nichts im Wege.

1.7 Die Dokumentation von Verhandlungsergebnissen und Rahmenverträgen

Der Ablauf von Rahmenvertragsverhandlungen ist einer Projektabwicklung mit mehreren internen und externen Beteiligten vergleichbar. Zu einem erfolgreichen Projekt gehört auch ein entsprechender Überblick über alle Aktivitäten, die sich aus den Rahmenvertragsverhandlungen ergeben und den Überblick, wann die Verträge auslaufen und neu verhandelt werden müssen und wie der Erfüllungsgrad des Vertrages ist, dies nicht nur aus Sicht des Einkaufs, sondern aus Sichtweise des Gesamtunternehmens. Ein entsprechendes Rahmenvertragsmanagement ist hier angebracht, das beinhaltet auch die Dokumentation der Verträge und Vertragsverhandlungen.

1.8 Vorgehensweise zur Umsetzung einer erfolgreichen Rahmenvertragsstrategie

Wie gehe ich bei der Umsetzung einer erfolgreichen Rahmenvertragsstrategie vor? Die nachfolgende Abbildung (Abbildung 2: Stufenpyramide) stellt die grundsätzliche Vorgehensweise (von der Roadmap zum Abschluss) der Umsetzung eines erfolgreichen Rahmenvertragsabschlusses dar.

Der Abbildung ist zu entnehmen, dass die Vorbereitungen die Grundlage des Erfolges sind. Ohne eine entsprechende Vorbereitung und Abstimmung werden die Verhandlungen nicht mit Erfolg, zumindest nicht mit dem erhofften und erwarteten Erfolg, gekrönt sein.

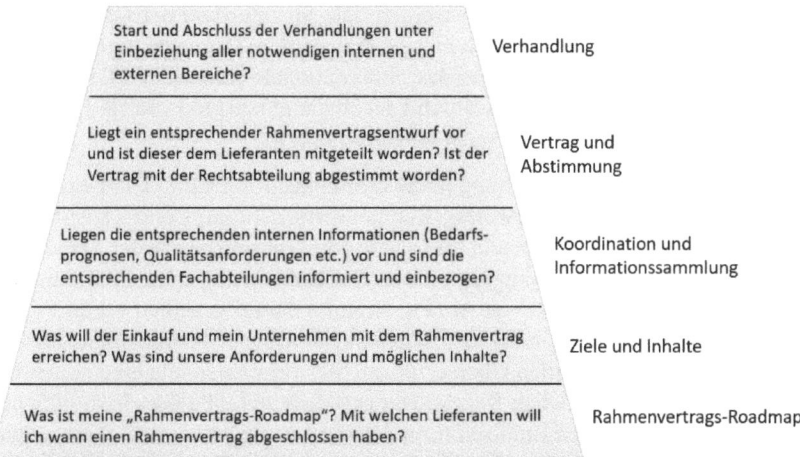

Abbildung 2: Stufenpyramide erfolgreicher Rahmenvertragsabschuss

Gerade bei der Umsetzung einer erfolgreichen Rahmenvertragsstrategie gilt das Sprichwort:

„Wer etwas erreichen will, muss etwas dafür tun. Wer etwas bekommen will, muss die Voraussetzungen dafür schaffen."

1.9 Der internationale Rahmenvertrag

Vom Grundsatz her sollte sich ein internationaler Rahmenvertrag vom Inhalt her nicht von einem nationalen Vertrag unterscheiden. Die Gründe für den Abschluss eines Vertrages und die Inhalte sollten identisch sein. Allerdings sollte aus juristischer Sicht einiges zusätzlich berücksichtigt werden.

Bei einem internationalen Rahmenvertrag gilt in der Regel, dass wir eine freie Rechtswahl bei der Auswahl und inhaltlichen Ausgestaltung der Verträge haben und somit einen Individualvertrag zwischen den Vertragsparteien aushandeln können. Daher kann empfohlen werden, einen internationalen Liefervertrag auf der Basis des CISG (Convention on Contracts for the International Sales of Goods, auch UN-Kaufrecht genannt) abzuschließen und den Vertrag auf die individuellen Bedürfnisse hin zu überprüfen. Spezielle Punkte wie:

– Konkretes Verhalten im Gewährleistungsfall,

– Kostenübernahme bei Beanstandungen,

– Integration einer Qualitätssicherungsvereinbarung,

– etc.

können ergänzt oder eingefügt werden. Die Struktur und der Grundgedanke, das Wesen des CISG sollte jedoch beibehalten werden. Der eindeutige Vorteil dieser Vorgehensweise ist, dass man das „Internationale Kaufrecht – CISG" in fast allen Ländern der Welt kennt, während der Bekanntheitsgrad von HGB und BGB außerhalb Deutschlands doch recht eingeschränkt ist.

Nach gründlicher Einarbeitung in die Grundlagen von CISG kann ein entsprechender internationaler Kaufvertrag/Rahmenvertrag (Frame Contract) erstellt werden. Dieser sollte in Wortlaut und Inhalt bzw. Struktur sehr eng an den Standardtext des UN-Kaufrecht (CISG) angepasst sein. Der Kaufvertrag sollte in die englische Sprache übersetzt werden. Von Anfang an muss darauf geachtet werden, sowohl in der deutschen als auch in der englischen Variante in der Terminologie des CISG zu bleiben. Dadurch werden Übersetzungsfehler vermieden und eine einheitliche Auslegung der vertraglichen Regelungen gewährleistet. Die Geschäftssprache in den meisten Ländern ist Englisch. Lokale Übersetzungen können damit vermieden werden. Eventuell könnte noch eine französische Variante für Europa und Afrika bzw. eine spanische für Südamerika Anwendung finden. Die Anlehnung des Vertragstextes an die Terminologie des CISG hat aber auch den Vorteil, dass selbst Übersetzungen ins Arabische oder Chinesische mit einer hohen Gewähr für Richtigkeit und einheitlicher Auslegung erfolgen können. Denn die verbindlichen Sprachen, in denen das CISG als Text vorliegt, sind arabisch, chinesisch, englisch, französisch, russisch und spanisch. Außerdem gibt es Übersetzungen in alle Sprachen der Mitgliedsländer, sodass auch Übersetzungen in viele andere Sprachen einfacher sind, wenn z. B. der deutsche Vertragstext in der Terminologie der deutschen Fassung des CISG abgefasst wird.

Das gesamte Thema der internationalen Vertragsgestaltung hier anzuführen würde den Rahmen dieses Buches sprengen. Es kann an dieser Stelle auf Band 18 der Praxisreihe Einkauf/Materialwirtschaft mit dem Titel „Internationales Vertragsmangement – Risikominimierung durch optimale Vertragsgestaltung in Einkauf und Logistik" – verwiesen werden. In diesem Band ist ausführlich die internationale Vertragsgestaltung dargelegt. Vor- und Nachteile eines internationalen Kaufvertrages sind analysiert und die Vorgehensweise bei der Umsetzung beschrieben worden. Einkäufer, die sich dieser Herausforderung stellen, wird empfohlen sich den Band 18 einmal näher anzusehen.

2. Der Rahmenvertrag aus juristischer Sichtweise

Nachdem im ersten Kapitel dieses Buches die Rahmenbedingungen und die Ziele von Rahmenverträgen dargelegt wurden, gilt es in diesem Kapitel die juristischen Grundlagen eines Rahmenvertrages zu beschreiben.

2.1 Rechtsnatur des Rahmenvertrages bzw. Rahmenliefervertrages

In einem Rahmenvertrag werden die Regelungen definiert, die für alle späteren Einzelverträge bzw. Abrufe eines oder mehrerer Beschaffungsgüter oder -leistungen Gültigkeit haben sollen.

Der Rahmenvertrag an sich ist dem Gesetz grundsätzlich unbekannt, er stellt eine sinnvolle „Erfindung" der Praxis dar. Gleichwohl basiert er auf den wesentlichen grundlegenden Regelungen von BGB/HGB. Allerdings sind im Rahmenvertrag primär auch solche gesetzlich nicht automatisch im Einkaufsfall geltenden Regelungspunkte intern zu bedenken und ggf. im Rahmenvertrag umzusetzen, wie z. B. gesonderte Garantiezusagen, verlängerte Gewährleistungsfristen, Vertragsstrafen, reduzierte Wareneingangspflichten. Auch solche im Gesetz nicht vorgesehenen Regelungspunkte hinsichtlich des Zeitaspektes eines Rahmenvertrages sind zu vereinbaren, wie z. B. Laufzeit des Rahmenvertrags, ordentliche und außerordentliche Kündigungsmöglichkeiten, nachvertragliche Pflichten des Lieferanten (z. B. Ersatzteillieferverpflichtungen, Produkt-Abkündigungen).

Gegenstand und Inhalt des Rahmenvertrages sind im Übrigen grundsätzliche Themen wie u. a. Haftungsfragen und Regelungen zu Leistungsstörungen sowie die Liefer- und Zahlungsbedingungen eines Unternehmens. Auch die Bedingungen für die Beendigung der Vertragsverhältnisse oder die Handhabung von Vertragsänderungen bzw. Geheimhaltungspflichten und Schutzrechte können zum Gegenstand eines Rahmenvertrages gemacht werden.

2.2 Der grundsätzliche Aufbau eines Rahmenliefervertrages

Der Aufbau des hier beschriebenen Rahmenliefervertrages entspricht dem eines typischen Rahmenvertrages. Er beinhaltet die wesentlichen Punkte, die aus juristischer Sicht notwendig sind.

2.2.1 Rahmenliefervertrag

Im nachfolgenden wird ein typischer Rahmenliefervertrag Artikel für Artikel beschrieben und ist mit entsprechenden Anmerkungen versehen.

2.2.2 Vertragsparteien

Zwischen

Firma ... (genaue Bezeichnung mit Rechtsform) ...

– nachfolgend „Auftraggeber" genannt –

und

Firma ... (genaue Bezeichnung mit Rechtsform) ...

– nachfolgend „Lieferant" genannt –

Anmerkung: Es ist sehr wichtig, darauf zu achten, dass die Vertragsparteien genau mit ihrer Handelsfirma und der genauen Anschrift bezeichnet werden; auch ist darauf zu achten, dass die richtige Rechtsform benannt wird.

2.2.3 Präambel

Der Auftraggeber entwickelt, produziert und vertreibt weltweit unter anderem ... (beispielhafte Auflistung der Tätigkeitsfelder) ...

Der Lieferant vertreibt Vertragsproduktionsmaterialien auf dem Gebiet ... (beispielhafte Auflistung der Tätigkeitsfelder) ...

Der Auftraggeber beabsichtigt, Vertragsprodukte vom Lieferanten zu beziehen, die dieser entweder selbst herstellt oder als Händler von Dritten erwirbt. Der Lieferant beabsichtigt gleichfalls, den Auftraggeber langfristig mit seinen Vertragsprodukten zu beliefern.

Grundlage für die Lieferungen dieser Vertragsprodukte vom Lieferanten an Auftraggeber (nachfolgend alleine oder auch gemeinsam „Vertragspartner" genannt) ist dieser Rahmenliefervertrag, der die angestrebte langfristige Zusammenarbeit zwischen den Vertragspartnern umfassend regelt. Dabei beabsichtigen die Vertragspartner, ihre Vertrags- und Lieferbeziehungen auf der Grundlage des vorliegenden Rahmenliefervertrages in dem praktischen Ablauf möglichst einheitlich und einfach zu gestalten, um auch die technischen, vertragsrechtlichen und kaufmännischen Anforderungen der langfristigen Zusammenarbeit übersichtlich und einfach zu gestalten.

Dies vorausgeschickt schließen die Vertragspartner folgenden Rahmenliefervertrag:

Anmerkung: Eine Präambel bzw. ein Vorwort zu einem Vertrag stellt in aller Regel kein Bestandteil des Vertrages dar; der Inhalt einer Präambel dient grundsätzlich dazu, die Ziele bzw. Absichten einer Zusammenarbeit kurz zu erläutern, damit im Falle einer späteren eventuellen Konfliktsituation auf die Inhalte der Präambel zum Zwecke der einen oder anderen Auslegung einer streitigen Frage zurückgegriffen werden kann. Üblicherweise beinhalten langfristige Verträge sowie Rahmenverträge und Großprojekte ein solches Vorwort; bei kurzfristigen und einfach gestalteten Verträgen ergeben sie die jeweiligen einzelnen Rechte und Pflichte in aller Regel klar aus dem zugrundeliegenden Vertrag.

Eine Präambel sollte zunächst einmal möglichst die Vertragspartner kurz beschreiben, um dann darzustellen, weshalb die Vertragspartner den zugrundeliegenden Vertrag abschließen und welche Zwecke sie damit verfolgen.

2.2.4 Vertragsgegenstand

a) Der Lieferant verpflichtet sich, die vom Auftraggeber auf der Grundlage des vorliegenden Rahmenliefervertrages beauftragten Kaufgegenstände (nachfolgend „Vertragsprodukt" genannt) an den Auftraggeber zu beliefern. Bei den Vertragsprodukten handelt es sich insbesondere um die in Anlage 1 im Einzelnen aufgelisteten und bezeichneten Vertragsprodukte des Lieferanten. Diese Liste der Vertragsprodukte kann einvernehmlich von beiden Vertragspartnern jederzeit durch schriftliche Ergänzung um weitere Vertragsprodukte erweitert und/oder um darin enthaltene Vertragsprodukte reduziert oder modifiziert werden.

Anmerkung: Für den Auftraggeber ist zunächst einmal wichtig, dass im Rahmenliefervertrag auch eine ausdrückliche Verpflichtung des Lieferanten festgeschrieben wird, die vertragsgegenständlichen Kaufgegenstände, nämlich die möglichst genau technisch definierten bzw. beschriebenen Vertragsprodukte zu beliefern. Hierbei sollten die Vertragspartner auch offen mit möglichen Vertragsprodukterweiterungen bzw. Vertragsproduktänderungen sein; sollten derartige Modifizierungen bzw. Ergänzungen während der Vertragslaufzeit erforderlich sein, empfiehlt es sich, die jeweils zugrundeliegende Anlage 1 zu ergänzen bzw. zu ändern; dies lässt sich einfach und übersichtlich durch eine Erweiterung oder einen Austausch der Anlage 1 unter Angabe des jeweiligen Datums sowie möglichst auch durch beiderseitige Unterzeichnung der jeweils neu geschaffenen Anlage 1 durch beide Vertragspartner bewerkstelligen.

b) Der Lieferant wird außerdem verantwortlich alle im Zusammenhang mit dem Vertragsprodukt eventuell erforderlichen Prüfungen und Zertifizierungen durchführen.

Anmerkung: Generell sollte hier intern von beiden Vertragspartnern geprüft werden, ob neben der Lieferung des Vertragsproduktes auch eventuell notwendige behördliche Prüfungen und/oder Zertifizierungen für das zulässige Inverkehrbringen des Vertragsproduktes erforderlich sind. In diesem Fall kann hier ausdrücklich auch die diesbezügliche Verantwortlichkeit des Lieferanten festgeschrieben werden. In dem gleichen Zusammenhang könnte beispielsweise auch die jeweilige Verpflichtung des Lieferanten auf Mitlieferung entsprechender produktbezogener Dokumente (z. B. Bedienungsanleitungen, Wartungsvorschriften, Ersatzteillieferlisten, etc.) vorgesehen werden. Sollte der Umfang der Dokumentation im Einzelfall Bedeutung haben, so könnte diese jeweilige produktbezogene Dokumentation ebenfalls ausdrücklich und auch abschließend in der Anlage 1 bei dem jeweiligen relevanten Vertragsprodukt bezeichnet und aufgelistet werden. In diesem Falle könnte ggf. Ziff. 2.2.4 b) wie folgt ergänzt werden: „Der Lieferant ist außerdem verpflichtet, die jeweils in Anlage 1 benannte Dokumentation für die dort aufgeführten Vertragsprodukte in den dort genannten Sprachen mitzuliefern; diese Dokumentation ist gleichfalls wesentlicher Vertragsgegenstand."

c) Der Lieferant ist insbesondere auch zur Einhaltung der für die Vertragsprodukte maßgeblichen Normen, Gesetze und Rechtsvorschriften, insbesondere auch die anwendbaren Umweltschutz-, Gefahrstoff-, Gefahrgut- und Unfallverhütungsvorschriften, verpflichtet. Darüber hinaus sind für den Lieferanten alle einschlägigen nationalen und internationalen Vorschriften bezüglich deklarationspflichtiger Stoffe bindend und vom Lieferanten einzuhalten (zum Beispiel insbesondere REACH, RoHS, die Richtlinien über die Beschränkungen des Inverkehrbringens und der Verwendung gewisser gefährlicher Stoffe und Zubereitungen).

Anmerkung: Diese Regelung ist sehr weitgehend und bezieht auch alle (weltweiten) einschlägigen internationalen Vorschriften mit ein. Unter Umständen könnte im Einzelfall – in Abhängigkeit von dem für den Auftraggeber jeweils relevanten Markt – eine räumliche Einschränkung erfolgen. Gegebenenfalls könnte auch vorgesehen werden, dass sich der Auftraggeber zur Mitwirkung hinsichtlich der Erteilung der einschlägigen notwendigen Informationen im Zusammenhang mit solchen internationalen Normen und Gesetzen gegenüber dem Lieferanten verpflichtet. Gegebenenfalls könnte Ziff. 2.2.4 c) am Ende wie folgt ergänzt werden:

„Die vorstehende Verpflichtung bezieht sich auf das räumliche Vertragsgebiet der ... (hier können abschließend die maßgeblichen Staaten benannt werden) ...; hinsichtlich der Einhaltung der vorstehenden Vorschriften in den Ländern ... (abschließende Auflistung der hierfür relevanten Staaten) ... wird der Auftraggeber den Lieferanten hinsichtlich der Information und Anwendbarkeit der einschlägigen Vorschriften informieren."

2.2.5 Erteilung von Einzelbestellungen/Abrufen

a) Der Auftraggeber erteilt unter ausdrücklicher Bezugnahme auf den vorliegen-den Rahmenliefervertrag beim Lieferanten Einzelbestellungen/Abrufe über das Vertragsprodukt. Ab dem Zeitpunkt des Zugangs der Einzelbestellungen/Ab-rufe (maßgeblich für den Zugangsnachweis für die Vertragspartner ist die E-Mail-Empfangsbestätigung) ist der Lieferant zu entsprechenden Erfüllung der Einzelbestellung/Abruf automatisch verpflichtet. Im Falle von Abweichungen in den Einzelbestellungen/Abrufen seitens des Auftraggebers zu den Bestim-mungen der rahmenvertraglichen Vereinbarung ist der Lieferant ausdrücklich verpflichtet, sowohl den Empfang als auch die Ausführung der Einzelbestel-lung/Abruf durch Rücksendung der der Einzelbestellungen beigefügten Zweit-schrift innerhalb von … Werktagen (per E-Mail an …… oder vorab per Telefax an Fax-Nummer …) verbindlich durch rechtsverbindliche Unterzeichnung mit Firmenstempel und Datumsangabe zu bestätigen.

Anmerkung: Hier sollte der formale Ablauf der Erteilung von Einzelbestellun-gen/Abrufen geregelt werden. Die grundlegende Idee besteht darin, dass der Lieferant zu den Bestimmungen des Rahmenvertrages verpflichtet ist, die in der Einzelbestellung/Abruf vorgesehenen Lieferungen an den Auftraggeber durch-zuführen, ohne dass der Lieferant noch irgendwelche Gestaltungsmöglichkeiten hat. Seine Lieferverpflichtung entsteht somit im Zeitpunkt des „Zugangs" der Einzelbestellung/Abruf. Wichtig ist an dieser Stelle für den Auftraggeber, den „Zugang" rechtsverbindlich zu definieren: vorliegend ist eine E-Mail-Empfangs-bestätigung ausdrücklich als Zugangsnachweis vorgesehen (ohne eine solche im Rahmenvertrag ausdrücklich vereinbarte Regelung würde nach der Rechtspre-chung eine E-Mail-Empfangsbestätigung nicht als tauglicher Zugangsnachweis gelten). Eine ausdrückliche Rückbestätigung sollte der Lieferant dann erteilen, falls die Einzelbestellung/Abruf irgendwelche Abweichungen von den rahmen-vertraglichen Bestimmungen bzw. Inhalten enthalten sollte. In einem solchen Fall einer Abweichung sollte geregelt werden, in welcher Art und Weise eine ent-sprechende Rückbestätigung innerhalb welcher Frist seitens des Lieferanten zu erfolgen hat. Dies dient der Rechtssicherheit der beteiligten Vertragspartner. Die Formulierung im zweiten Satz sieht eine ausdrückliche Rückbestätigung vor; dies hat für den Auftraggeber den formalen Vorteil, dass er sodann auch über eine konkrete Empfangsbestätigung verfügt und der Lieferant sich diesbezüglich auf die Inhalte auch der inhaltlich vom Rahmenvertrag abweichenden Punkte in der Einzelbestellung/Abruf verpflichtet hat. Manche Rahmenlieferverträge sehen diesbezüglich jedoch alternativ vor, dass eine Bestätigung der erteilten Einzel-bestellung/Abruf automatisch dadurch erfolgt, dass der Lieferant binnen einer klar fixierten Frist „nicht" reagiert: „Schweigen" wird hier als Zustimmung qualifiziert. Dies birgt jedoch für den Auftraggeber das Risiko, dass er über keine Empfangsbestätigung verfügt; das entsprechende Risiko des Lieferanten besteht demgegenüber darin, dass eine verbindliche Einzelbestellung/Abruf zustande

kommt, obwohl er ggf. – aus irgendwelchen Gründen – keine Gelegenheit hatte,
den Inhalt der Einzelbestellung/Abruf fristgemäß zu überprüfen.

b) Auch wenn der Auftraggeber ohne ausdrückliche Bezugnahme auf den vorliegenden Rahmenliefervertrag beim Lieferanten Einzelbestellungen/Abrufe
über das Vertragsprodukt tätigt, finden die Bestimmungen des vorliegenden
Rahmenliefervertrages Anwendung. Sollen jedoch in einem solchen Einzelfall
die Bestimmungen des vorliegenden Rahmenliefervertrages ganz oder teilweise
keine Anwendung finden, verpflichtet sich der Auftraggeber, dies ausdrücklich
unter Benennung der Abweichung von dem vorliegenden Rahmenliefervertrag in
seiner Einzelbestellung/Abruf schriftlich zu dokumentieren; von dieser schriftlichen Hinweisverpflichtung kann der Auftraggeber auch nur durch schriftliche
Vereinbarung mit dem Lieferanten abweichen. Die gleichen Bestimmungen dieser Ziff. 2.2.5 b) finden Anwendung auf eventuelle von Ziff. 2.2.5 a) abweichende
eigene Auftragsbestätigungen des Lieferanten.

Anmerkung: Die Bedeutung dieser Ziff. 2.2.5 b) ist nicht zu unterschätzen. Sehr
häufig werden Einzelbestellungen/Abrufe getätigt, obwohl zwischen den Ver-
tragsparteien ein Rahmenliefervertrag besteht, in der Einzelbestellung/Abruf
jedoch darauf nicht Bezug genommen wird – im Gegenteil verweist der Auf-
traggeber dann in aller Regel standardmäßig auf seine Allgemeinen Einkaufs-
bedingungen, die ja keine Anwendung oder nur sekundäre Anwendung finden
sollen. Sollte dieser tatsächliche Konflikt nicht geregelt werden, so besteht für die
Vertragspartner das Risiko, dass – obwohl ein Rahmenliefervertrag besteht – im
Rahmen einer davon losgelösten Einzelbestellung/Abruf von den Inhalten der
Rahmenliefervereinbarung abgewichen werden könnte. Der gleiche Effekt kann
natürlich ebenfalls geschehen, indem der Lieferant seine eigenen Auftragsbe-
stätigungen zugrunde legt, in diesen jedoch nicht auf den Rahmenliefervertrag
verweist, sondern beispielsweise lediglich auf seine eigenen Liefer- und Ver-
kaufsbedingungen.

c) Der Lieferant hat keinen Rechtsanspruch auf Erhalt einer bestimmten Anzahl
von Einzelbestellungen/Abrufe.

Anmerkung: Diese an sich klarstellende Grundaussage sollte möglichst in den
Rahmenlieferverträgen enthalten sein. Etwas anderes könnte ggf. zwischen den
Vertragspartnern nur dann vereinbart werden, falls sich der Lieferant gegenüber
dem Auftraggeber zur exklusiven Belieferung verpflichtet und seinen Geschäfts-
betrieb bzw. seine Kalkulation darauf ausgerichtet ist. In diesem Fall könnte aus-
gleichend überlegt werden ob bzw. in welchem Umfang tatsächlich während der
Laufzeit des Rahmenliefervertrages vom Auftraggeber Einzelbestellungen/Ab-
rufe erteilt werden sollen.

2.2.6 Vergütung und Zahlung

a) Bei dem Preis für das jeweils bestellte Vertragsprodukt handelt es sich stets um einen Festpreis. Bei diesem Preis handelt es sich um einen Endpreis. Darin enthalten sind insbesondere auch alle Lohn-, Material-, Montage- und sonstigen Nebenkosten, insbesondere auch öffentliche Abgaben, Gebühren und Zölle.

Anmerkung: Üblicherweise ist es ein nicht zu unterschätzender Vorteil für die Auftraggeber, falls Rahmenlieferverträge abgeschlossen werden. Hier werden üblicherweise dann auch über gewisse Laufzeiten Festpreise vereinbart, sodass Preis- und Kalkulationssicherheit für den Auftraggeber besteht. Vor dem Hintergrund der Regelung unter dieser Ziff. 2.2.6 a) besteht während der Laufzeit der Preisbindungsperiode hinsichtlich des Festpreises für den Lieferanten grundsätzlich keine Möglichkeit, Preisanpassungen umzusetzen. Eine entsprechende Preisanpassungsmöglichkeit sieht jedoch Ziff. 2.2.6 f) vor.

b) Der gemäß vorstehender Ziffer 2.2.6 a) ermittelte Festpreis versteht sich frei Haus … (Anschrift) … Auftraggeber.

Anmerkung: Das Muster geht hier von einer Preisbildung auf der Grundlage der Lieferung „frei Haus" aus. Hierbei handelt es sich um eine typische Handelsklausel, nach der die Vertragsprodukte vom Lieferanten auf seine Kosten und Gefahr am Sitz des Käufers zu übergeben sind; insoweit sind dann auch alle hierbei anfallenden Transport- und sonstige Kosten aus Sicht des Lieferanten in den zugrundeliegenden Festpreis einzukalkulieren. Die hier vorgesehene Kalkulation im Rahmen des Festpreises orientiert sich grundsätzlich natürlich an den im Übrigen sonst vereinbarten Lieferbedingungen. Sollte dem Rahmenliefervertrag bzw. den Einzelbestellungen das Regelwerk der Incoterms (International Commercial Terms) zugrunde liegen, so wären hier die entsprechend anfallenden Kosten vom Lieferanten kalkulatorisch zu berücksichtigen. Entsprechende Regelungen gemäß den Incoterms finden sich insbesondere im Hinblick auf den zugrundeliegenden Gefahrenübergang auch unter der nachfolgenden Ziff. 2.2.8 g) dieses Mustervertrages.

c) Soll gemäß den Bestimmungen der jeweiligen Einzelbestellung/Abruf das Vertragsprodukt an einen anderen Bestimmungsort geliefert werden, hat der Lieferant das Vertragsprodukt auf eigene Gefahr an diesen Bestimmungsort zu liefern. Versandart und Versandweg hat der Lieferant mit Auftraggeber zuvor abzustimmen.

Anmerkung: Die Vertragspartner sollten intern prüfen, ob diese Regelung hinsichtlich eines anderen Bestimmungsortes grundsätzlich von Bedeutung ist. Falls dies berücksichtigt werden müsste, könnte noch folgende Regelung am Ende von Ziff. 2.2.6 c) angefügt werden:

„Bei der Lieferung an einen anderen Bestimmungsort gemäß der jeweiligen Einzelbestellung versteht sich der Endpreis für das Vertragsprodukt zuzüglich der vom Lieferanten nachgewiesenen Transportkosten."

d) Falls anwendbar, verstehen sich alle Preise jeweils zuzüglich gesetzlicher Mehrwertsteuer.

Anmerkung: Gerade im grenzüberschreitenden Lieferverkehr ist dieser Punkt länderspezifisch zu bewerten. Im nationalen Lieferverkehr ist die Regelung dieser Ziff. 2.2.6 d) vor allen Dingen für den Lieferanten von grundlegender Bedeutung. Sollte in einem Vertragsverhältnis nicht geregelt sein, ob es sich um einen jeweils ausgewiesenen Preis (z. B. End-, Zwischenpreise, Kosten, Stundenverrechnungssätze, etc.) um einen Netto- oder um einen Bruttopreis handelt, so kommt die Rechtsprechung diesbezüglich in aller Regel zu dem Ergebnis, dass es sich um einen Bruttopreis handelt. Insoweit gibt es generell auch kein handelsrechtliches Gewohnheitsrecht oder dergleichen, wonach sich Preisbenennungen automatisch stets als Nettopreise zuzüglich gesetzlicher Mehrwertsteuer verstehen.

e) Nach erfolgter Lieferung sowie nach Erhalt der entsprechenden Rechnung ist der Rechnungsbetrag innerhalb von … Wochen zur Zahlung fällig. Jede Rechnung ist in …-facher Ausfertigung an Auftraggeber zu übermitteln und muss insbesondere zwingend die vom Auftraggeber auf der Einzelbestellung/Abruf angegebene Bestellnummer sowie das Bestelldatum und auch die sonstigen gesetzlichen Mindestinhalte einer ordnungsgemäßen Rechnung beinhalten.

Anmerkung: In der Regel sollten die grundsätzlich vom Gesetz vorgesehene 30-Tage-Frist zugrunde gelegt werden (sollten 30 Tage verstrichen und im Vertrag nichts anderes geregelt sein, so würde der Auftraggeber automatisch bei Nichtzahlung nach 30 Tagen, d. h. ohne eine Inverzugsetzung, in Zahlungsverzug geraten). Sollte jedoch auch im Einzelfall der jeweilige Auftraggeber ggf. gegenüber seinen eigenen Kunden längere Zahlungsfristen zu akzeptieren haben, ist es auch darstellbar, im Einzelfall dieses Finanzierungsrisiko durch gleichfalls verlängerte Zahlungsfristen an den Lieferanten ganz oder teilweise durchzureichen. Schließlich könnte neben einer Standardzahlungsfrist auch noch eine kürzere Zahlungsfrist unter Berücksichtigung des Abzugs eines Skontobetrages vorgesehen werden. In diesem Zusammenhang ist ausdrücklich darauf hinzuweisen, dass ein Auftraggeber Skonto nur dann geltend machen kann, falls dies zwischen den Vertragspartnern ausdrücklich vereinbart wurde. In diesem Sinne könnte Satz 1 beispielsweise wie folgt modifiziert werden:

„Nach erfolgter Lieferung sowie nach Erhalt der entsprechenden Rechnung ist der Rechnungsbetrag innerhalb von 30 Tagen oder unter Berücksichtigung von 3 % Skonto innerhalb von 14 Tagen zur Zahlung fällig."

Im Hinblick auf Satz 2 sollte vom Auftraggeber im Einzelfall vorgegeben werden, welche zwingend notwendigen Mindestinhalte die Rechnung umfassen sollte. Im Übrigen ist der Verweis auf die sonstigen gesetzlichen Anforderungen in Satz 2 in dem Muster keine rechtsbegründende Vertragsbestimmung, weil insbesondere gem. § 14 Abs. 4 Umsatzsteuergesetz zwingende Mindestinhalte beim Ausstellen von Rechnungen vorschreibt.

Aus Sicht des Auftraggebers könnte noch überlegt werden, folgenden weiteren Satz am Ende von Ziff. 2.2.6 e) anzufügen:

„Im Falle einer entsprechend unvollständigen Rechnung ist der Auftraggeber dazu berechtigt, diese dem Lieferanten mit dem Hinweis auf die Fehlerhaftigkeit zurückzuschicken; hieraus entstehende Zahlungsverzögerungen sind ausschließlich vom Lieferanten zu tragen."

f) Die Festpreise für die einzelnen Vertragsprodukte ergeben sich aus der Preisübersicht gem. Anlage 2. Diese Preisübersicht hat stets eine Gültigkeitszeit von 12 Monaten, erstmals jedoch bis zum … (Tag/Monat/Jahr) … Bei allen innerhalb der jeweiligen Preisbindungsperiode bei dem Lieferanten zugehenden Einzelbestellungen/Abrufe hinsichtlich der Vertragsprodukte durch den Auftraggeber sind diese Preise gem. Anlage 2 jeweils zugrunde zu legen, unabhängig davon, welche Lieferzeiten bei den jeweiligen Vertragsprodukten zugrundegelegt werden. Bei den für die jeweiligen Folgejahre nach Ablauf der jeweiligen Preisbindungsperiode von den Vertragspartnern eventuell neu festgelegten Preisen handelt es sich wiederum stets um Festpreise für das jeweilige laufende Folgejahr.

Anmerkung: Gegebenenfalls könnten auch längere Preisbindungsperioden vereinbart werden. Eventuell könnte auch der Preisüberprüfungszeitraum auch beispielsweise zwei oder drei Monate erweitert werden; dies ist letztendlich eine Einzelfallbeurteilung.

g) Die gemäß vorstehender Ziffer 2.2.6 f) benannten Preise für die jeweiligen Vertragsprodukte gem. Anlage 2 können von beiden Vertragspartnern jeweils stets innerhalb des letzten Monats vor dem jeweiligen Ende der Preisbindungsperiode überprüft und für das sich anschließende Folgejahr gegebenenfalls neu festgelegt werden.

h) Der Lieferant ist auf Anforderung des Auftraggebers verpflichtet, den Auftraggeber über die mit den jeweiligen Vorlieferanten getroffenen Preisabsprachen unverzüglich zu informieren. Sollten die jeweiligen Vorlieferanten vom Lieferanten Preise beanspruchen, so dass der jeweils zwischen den Vertragspartnern bereits vereinbarte Einzelpreis erhöht werden müsste, ist der Lieferant vor jeweiliger verbindlichen Beauftragung des Vorlieferanten zur vorherigen rechtzeitigen Mitteilung des Auftraggebers unter gleichzeitiger Angabe der Preisangebote der Vorlieferanten verpflichtet. Diese Mitteilungs- bzw. Offenlegungsverpflichtung entbindet jedoch den Lieferanten in keiner Weise von seiner alleinigen Gesamtverantwortung für das Vertragsprodukt und zur Einhaltung des im jeweils laufenden Preisbindungsjahr festgelegten Preises.

Anmerkung: Eventuell besteht für den Auftraggeber die Möglichkeit, in dem einen oder anderen Fall im Hinblick auf die Preisgestaltung von Vorlieferanten Einfluss nehmen zu können und/oder alternative Vorlieferanten gegenüber dem Lieferanten zu benennen (sogenannte „Setzlieferanten"), bei dem der Lieferant alternativ Bestellungen tätigen kann.

2.2.7 Schutzrechte

a) Der Lieferant ist verpflichtet, an den Auftraggeber Vertragsprodukte zu liefern, die nicht gegen gewerbliche Schutzrechte Dritter verstoßen.

Anmerkung: Es ist eine grundlegende Verpflichtung eines jeden Warenherstellers, dass die von ihm hergestellten und gelieferten Produkte nicht gegen gewerbliche Schutzrechte Dritter verstoßen. Bei den gewerblichen Schutzrechten kommen insbesondere Patente, Gebrauchsmuster, Design- und Markenrechte in Betracht. Alle solche gewerblichen Schutzrechte haben die gleiche rechtliche Grundaussage, dass dem jeweiligen Inhaber dieser Schutzrechte das alleinige und absolute Recht zur Benutzung zusteht. So ist beispielsweise der Patentinhaber als Eigentümer alleine dazu berechtigt, die dem Patent zugrundeliegende Erfindung zu benutzen (z. B. für die Herstellung, den Vertrieb, den Gebrauch sowie sonstige Benutzungshandlungen). Spiegelbildlich steht dem Patentinhaber deshalb gleichermaßen ein entsprechendes Verbietungsrecht gegenüber einem jeden Dritten zu, der unbefugter Weise eine solche seinem Patent zugrundeliegende Erfindung benutzen würde. Neben solchen Verbietungsrechten bzw. Unterlassungsansprüchen könnte der Patentinhaber auch gegen den unberechtigten Nutzer Schadensersatz-, Unterlassungs- und Beseitigungsansprüche geltend machen. Seine Rechtsposition ist deshalb grundsätzlich sehr stark. Verstößt ein Produkt gegen ein gewerbliches Schutzrecht eines Dritten, so liegt ein Rechtsmangel vor, der sodann auch zu einem Mängelhaftungsanspruch führen kann. Der Auftraggeber bzw. Käufer könnte von seinem Lieferanten Nacherfüllungsansprüche in Form der Beseitigung dieses Rechtsmangels verlangen (falls dies technisch darstellbar wäre). Darüber hinaus bestünde die Möglichkeit der Geltendmachung von Schadensersatzansprüchen, falls der Käufer die von ihm beim Lieferanten erworbenen Produkte (die gegen die Schutzrechte Dritter verstoßen) beispielsweise vom Markt zurückziehen müsste. Außerdem kann er versuchen, potentielle Schadensersatzansprüche, die der Patentinhaber ihm gegenüber geltend machen könnte, im Wege des Regresses gegenüber dem Lieferanten gleichfalls geltend zu machen.

b) Sollte der Auftraggeber von einem entsprechend berechtigten Dritten wegen eines Verstoßes gegen gewerbliche Schutzrechte in Anspruch genommen werden, so ist der Lieferant dazu verpflichtet, den Auftraggeber von diesen Ansprüchen freizustellen. Sollte der Dritte Schadensersatzansprüche gegenüber dem Auftraggeber geltend machen, so ist der Lieferant berechtigt, den Nachweis zu führen, dass er die Verletzung dieser gewerblichen Schutzrechte Dritter nicht zu vertreten hat.

c) Die Verpflichtung des Lieferanten zur Freistellung des Auftraggebers im Falle von Ansprüchen Dritter bezieht sich auf alle erforderlichen und nachgewiesenen Aufwendungen, die dem Auftraggeber im Zusammenhang mit einer entsprechenden Inanspruchnahme durch den Dritten notwendigerweise entstehen.

d) Die Verjährungsfrist für derartige Ansprüche bei einem Verstoß gegen gewerbliche Schutzrechte Dritter sowie gegen sonstige Rechte Dritter beträgt drei Jahre ab dem Zeitpunkt des jeweiligen Gefahrenübergangs.

Anmerkung: Die Verjährungsfrist für Mängelansprüche beträgt im Falle der Lieferung von beweglichen Sachen grundsätzlich zwei Jahre; dies gilt sowohl für Sachmängel (vgl. nachfolgende Ziff. 2.2.11 g) als auch für Rechtsmängel. Standardmäßig ist es in der Regel zulässig, diese Frist von zwei auf drei Jahre zu erweitern. Sollte der Auftraggeber beabsichtigen, mit dem Lieferanten eine längere Verjährungsfrist für den Fall des Vorliegens von Rechtsmängeln zu vereinbaren, so wäre dies zwischen den Vertragspartnern individuell zu vereinbaren, weil ansonsten eine über die dreijährige Verjährungsfrist hinausgehende Frist einen Lieferanten grundsätzlich unangemessen benachteiligen würde und deshalb AGB-rechtlich unzulässig ist.

2.2.8 Liefertermin

a) Dem Lieferanten ist bekannt, dass die strikte Einhaltung der den jeweiligen Einzelbestellungen/Abrufe zugrundeliegenden Liefertermine eine wesentliche Vertragspflicht darstellt.

Anmerkung: Aus Sicht des Auftraggebers ist es von grundsätzlicher Bedeutung, die Einhaltung eines Liefertermins als eine sogenannte „wesentliche Vertragspflicht" zu deklarieren. Der rechtliche Hintergrund liegt insbesondere darin, dass lieferanten- bzw. auftragnehmerseitig standardmäßig über Liefer- und Leistungs-AGBs die Verzugshaftung bei der Verletzung von wesentlichen Vertragspflichten auch im Bereich der leichten Fahrlässigkeit nicht ausgeschlossen werden kann; möglich ist lediglich eine Reduzierung des Schadensumfangs auf den sogenannten typischen und voraussehbaren Schaden. Generell ist es streitig, ob die Nichteinhaltung eines Liefertermins eine solche „wesentliche Vertragspflicht" darstellt oder nicht. Würde man zu dem Ergebnis gelangen, dass es sich bei der Nichteinhaltung eines Liefertermins um keine „wesentliche Vertragspflicht" handeln würde, so könnte standardmäßig lieferantenseitig die Verzugshaftung für den Bereich der leichten Fahrlässigkeit diesbezüglich ausgeschlossen oder auch der Höhe nach begrenzt werden.

b) Falls in der jeweiligen Einzelbestellung/Abruf nichts Abweichendes angegeben, ergibt sich die jeweilige Standard-Lieferfrist für die Vertragsprodukte aus der als Anlage 3 beigefügten Übersicht. Der sich unter Berücksichtigung dieser Standard-Lieferfrist ergebende entsprechende Spätest-Liefertermin wird vom Auftraggeber in der jeweiligen Einzelbestellung kalendermäßig genau mitgeteilt.

Anmerkung: Diese Vorgehensweise ist eine den Auftraggeber begünstigende Regelung. Der Hintergrund ergibt sich aus den gesetzlichen Verzugsvorschriften gem. § 286 BGB. Im Zeitpunkt des Abschlusses eines Rahmenliefervertrages steht in der Regel für die Vertragspartner noch nicht fest, zu welchem Zeitpunkt während der Laufzeit des Rahmenliefervertrages und zu welchen Mengen beim Auftraggeber ein entsprechender Bedarf besteht, der vom Lieferanten eingedeckt werden muss. Deshalb sollte ein Rahmenliefervertrag eine Systematik beinhalten, wonach der Auftraggeber einseitig einen Termin im Rahmen einer Einzelbestellung vorgeben kann, der sodann auch vom Lieferanten einzuhalten ist. Vor diesem Hintergrund wäre es allerdings nicht sachgerecht, dem Auftraggeber ein völlig alleiniges Termin-Bestimmungsrecht einzuräumen; dies würde mit an Sicherheit grenzender Wahrscheinlichkeit nahezu jeden Lieferanten nicht nur im Hinblick auf einseitig vorgegebene Termine, sondern auch im Hinblick auf nicht einkalkulierbare Bestellmengen überfordern, sodass Verzugssituationen vorprogrammiert wären. Bei der unter Ziff. 2.2.8 b) des Musters zugrundeliegende Vorgehensweise liegt die Absicht darin, im Vorfeld bezüglich der vertragsgegenständlichen Vertragsprodukte feste Standard-Lieferzeiten zu vereinbaren, die der Lieferant auf jeden Fall einhalten und auf die sich der Auftraggeber auf jeden Fall verlassen kann. Sobald also die beiden Vertragspartner entsprechend feste Standard-Lieferzeiten vereinbart haben, ist noch festzulegen, ab welchem Zeitpunkt diese beginnen sollen, wobei auch hier der jeweilige Startzeitpunkt aus Gründen der Rechtssicherheit einseitig vom Auftraggeber bestimmt werden sollte.

In dem vorliegenden Muster wurden die Standard-Lieferfristen gesondert in Anlage 3 von den Vertragspartnern dokumentiert, wobei diese auch in Abhängigkeit von der jeweiligen Bestellmenge variieren können. Sodann sieht das Muster vor, dass die jeweilige Standard-Lieferfrist ab dem jeweiligen Zeitpunkt des „Zugangs" der Einzelbestellung/Abruf beim Lieferanten zu laufen beginnen soll. Der Begriff des „Zugangs" ist ein Rechtsbegriff und grundsätzlich im Einzelfall klar ermittelbar, sodass die Vertragspartner sodann die Situation haben, den Beginn der Standard-Lieferfrist exakt bestimmen zu können und somit auch der sich daraus ergebende Liefertermin genau bestimmbar ist. Verstreicht nun diese Standard-Lieferfrist, so tritt rechtlich automatisch Verzug ein und der Auftraggeber muss nicht noch zuerst eine ggf. die Sachlage verkomplizierende Inverzugsetzung gegenüber dem Lieferanten erteilen. Nach Ablauf der Standard-Lieferfrist rutscht der Lieferant automatisch in die Verzugshaftung.

Was nicht funktionieren würde, falls als Anknüpfungspunkt nicht der „Zugang" der Einzelbestellung/Abruf, sondern das „Datum" der Einzelbestellung/Abruf als Startzeitpunkt für die Standard-Lieferfrist qualifiziert werden soll. In diesem Fall würde die hier zugrundeliegende Systematik rechtlich angreifbar sein.

Bei der Bestimmung der unter Anlage 3 aufgelisteten Standard-Lieferfristen ist außerdem darauf zu achten, dass klare und bestimmte kalendermäßige Aussagen erfolgen. Auf jeden Fall sollten solche Begrifflichkeiten wie „cirka", „etwa", „ungefähr", „voraussichtlich" und dergleichen unbedingt vermieden werden. Außerdem ist darauf zu achten, dass bei der zeitlichen Bestimmung nicht auslegungsfähige Begrifflichkeiten benutzt werden, wie z. B. „Werktage" oder „Kalen-

dertage". Kritisch wäre es bei der Terminologie der „Tage" oder auch „Arbeits-
tage". Bei den „Kalendertagen" handelt es sich um uneingeschränkt alle Tage;
auch der Begriff des „Werktags" ist nachvollziehbar gesetzlich definiert. Es
handelt sich hierbei grundsätzlich um die Zeit von Montag bis einschließlich
Samstag, mit Ausnahme der gesetzlichen Feiertage.

c) Bei einem von der Standard-Lieferzeit abweichenden kürzeren Liefertermin ist
   der Lieferant berechtigt, binnen einer Frist von … Werktagen hiergegen schriftlich oder in Textform zu widersprechen. Erfolgt kein rechtzeitiger Widerspruch,
   gilt dieser Liefertermin vom Lieferanten akzeptiert. Auf diese Folge wird Auftraggeber bei seiner Einzelbestellung/Abruf nochmals gesondert hinweisen. Bei
   Nichteinhaltung dieses mitgeteilten und nicht widersprochenen Liefertermins
   kommt der Lieferant in Verzug, ohne dass seitens Auftraggeber noch eine In-
   Verzug-Setzung erforderlich ist.

Anmerkung: Diese Ziffer soll nur dann greifen, falls ausnahmsweise der Auftrag-
geber eine von der vertraglich vereinbarten Standard-Lieferfrist abweichenden,
nämlich eine kürzere Lieferfrist wünscht. Dies kann der Lieferant schlüssig bzw.
stillschweigend akzeptieren. Sollte er diesen kürzeren Liefertermin jedoch nicht
einhalten und damit nicht bestätigen können, ist er vertraglich dazu verpflichtet,
innerhalb der genannten Frist schriftlich oder in Textform zu widersprechen.
Erfolgt kein rechtzeitiger Widerspruch, so gilt der Liefertermin als akzeptiert.
In der vorliegenden Ziff. 2.2.8 c) wurde somit vertraglich vereinbart, dass das
„Schweigen" des Lieferanten als Zustimmung gilt.

Aufgrund dieser nicht unerheblichen Rechtsfolge sollte der Auftraggeber in sei-
ner diesbezüglich einschlägigen Einzelbestellung/Abruf auf diese Rechtsfolge
nochmals gesondert hinweisen.

d) Der Lieferant ist verpflichtet, den Auftraggeber umgehend (sowie vorab telefonisch) schriftlich oder in Textform von etwa auftretenden Lieferschwierigkeiten
   zu unterrichten. Etwaige Ansprüche des Auftraggebers wegen Lieferverzuges
   bleiben hiervon unberührt.

Anmerkung: Durch diese Informationsverpflichtung wird der Auftraggeber in die
Lage versetzt, dass er von potentiellen Lieferschwierigkeiten rechtzeitig infor-
miert wird, um ggf. auch noch in einem frühen Stadium intern Gegenmaßnahmen
ergreifen zu können. Auf der anderen Seite kommt es jedoch aufgrund dieser
Mitteilungsverpflichtung bei dem Lieferanten zu keiner rechtlichen Entlastung.

e) Überschreitet der Lieferant den Liefertermin, so ist der Auftraggeber berechtigt,
   eine Vertragsstrafe zu verlangen. Diese beträgt pro Kalendertag des Verzuges
   0,25 %, insgesamt aber höchstens 5 % des Gesamtnettovergütungsbetrages der
   betroffenen Einzelbestellung/Abrufs. Der Auftraggeber ist berechtigt, diese
   Vertragsstrafe bis zur Endabrechnung geltend zu machen, auch wenn der Auftraggeber sich das Recht dazu bei der Annahme der verspäteten Lieferung nicht
   ausdrücklich vorbehält.

Anmerkung: Eine Vertragsstrafe (Pönale, Konventionalstrafe) gibt es nicht automatisch. Diese muss ausdrücklich zwischen den Vertragspartnern vertraglich vereinbart werden, wobei eine entsprechende Vereinbarung grundsätzlich auch standardmäßig in Allgemeinen Geschäftsbedingungen möglich ist. Eine Vertragsstrafenregelung ist regelmäßig dadurch gekennzeichnet, dass im Verzugsfall ein Verzugsintervall definiert wird. Hierbei kann es sich um einen Verzugstag (Kalender- oder Werktag) oder beispielsweise um eine Verzugswoche handeln. Darüber hinaus ist es bei der Vereinbarung einer solchen Vertragsstrafe zwingend notwendig, dass eine Obergrenze, d. h. eine Vertragsstrafendeckelung vorzusehen ist. Eine Vertragsstrafenregelung, die dem gegenüber jedoch keine betragsmäßige Begrenzung beinhaltet, ist standardmäßig (als AGB) grundsätzlich unwirksam.

Der wichtige Unterschied zwischen Schadensersatz wegen Verzug und Vertragsstrafe liegt insbesondere in folgendem Umstand: Die Vertragsstrafe kann auch ohne Eintritt eines Schadens beim Auftraggeber gegenüber dem Lieferanten geltend gemacht werden. Es ist also wichtig zu wissen, dass die Vertragsstrafe keinen Ausgleich für irgendeinen Verzugsschaden darstellt. Die Vertragsstrafe für eine verspätete Lieferung soll ausschließlich ein Druckmittel des Auftraggebers darstellen, damit der Lieferant zügig und rechtzeitig liefert. Die Vertragsstrafe kann der Auftraggeber somit durch den bloßen Zeitablauf geltend machen. Sollte dem Auftraggeber allerdings noch ein konkret nachweislicher Schaden aufgrund des Verzugs durch den Lieferanten entstanden sein, so kann er diesen natürlich zunächst einmal völlig unabhängig von der vereinbarten Vertragsstrafe als Schadensersatz geltend machen. Übersteigt allerdings ein geltend gemachter Schadensersatz wegen Verzuges die hierzu parallel ebenfalls geltend gemachte Vertragsstrafe, so kann der Kunde grundsätzlich nicht beides kumulativ beanspruchen (Kumulationsverbot); in diesem Fall wäre die Vertragsstrafe auf den ebenfalls geltend gemachten Schadensersatzanspruch wegen Verzuges anzurechnen.

Zu beachten ist außerdem, dass eine Vertragsstrafe in Allgemeine Geschäftsbedingungen (z. B. Einkaufsbedingungen, Standard-Einkaufsverträge, Standard-Rahmenverträge oder verbindlichen Verhandlungsprotokolle) nur maximal 5 % der Netto-Auftragssumme betragen darf.

Als individuelle Vereinbarung wäre es grundsätzlich möglich, auch höhere Vertragsstrafensummen zu vereinbaren.

Wird als Verzugsintervall ein „Werktag" (wie im vorliegenden Fall) zugrundegelegt, so darf die diesbezügliche Vertragsstrafe nicht 0,3 % übersteigen. Würde es sich bei dem Verzugsintervall um einen „Kalendertag" handeln, so könnten hier maximal 0,25 % zugrundegelegt werden.

Wichtig ist auch der unter Satz 3 enthaltene Regelungspunkt mit der Überwindung der vom Gesetz verlangten Vorbehaltserklärung. Der Hintergrund stellt sich wie folgt dar: Gemäß § 341 Abs. 3 BGB greift eine Vertragsstrafe grundsätzlich nur dann, wenn ein Auftraggeber bei der Annahme der verspätet erbrachten Lieferung gegenüber dem Lieferanten ausdrücklich erklärt, sich die Geltendmachung der vertraglich vereinbarten Vertragsstrafe vorzubehalten. In der Praxis wird in der Regel eine solche Vorbehaltserklärung zu spät oder mangels Kenntnis darüber überhaupt nicht erteilt. Das Ergebnis wäre, dass der Auftraggeber damit seinen Anspruch auf Erhalt der Vertragsstrafe verlieren würde. Zulässig ist allerdings, dass diese vom Gesetz verlangte Vorbehaltserklärung zeitlich bis zur Zahlung der Schlussrechnung hinausgeschoben werden kann. Dies bedeutet in letzter Konsequenz, dass der Auftraggeber die Vertragsstrafe bei der entsprechenden Rechnung des Lieferanten in Abzug bringen und gleichzeitig den Vorbehalt der Geltendmachung der Vertragsstrafe erklären kann.

f) Maßgeblich für die Einhaltung des Liefertermins ist die vollständige und ordnungsgemäße Lieferung zu diesem Zeitpunkt. Dem Lieferanten ist bekannt, dass hierzu auch eventuelle zuvor vereinbarte Dokumente (zum Beispiel Betriebshandbücher, Zertifikate, Stromleitpläne, Vertragsprodukt-Komponentenlisten, etc.) sowie alle sonstigen Unterlagen, die zum Vertragsprodukt gehören, zählen.

Anmerkung: Dieser Regelungspunkt steht natürlich in Abhängigkeit davon, ob bzw. welche Dokumente letztendlich mit den Vertragsprodukten an den Auftraggeber zu liefern sind. Diesbezüglich wird auf die Anmerkung unter obiger Ziff. … verwiesen.

g) Der Lieferant ist verpflichtet, die vom Auftraggeber in den Einzelbestellungen bestellten Vertragsprodukte gemäß … (Liefervorschrift eintragen) … Incoterms 2020 zu liefern.

Anmerkung: Die Vertragspartner haben sich hier auf die jeweils einschlägige Klausel gemäß den Incoterms 2020 zu verständigen. In Betracht kommen: EXW, FCA, CPT, CIP, DAT, DAP, DDP, FAS, FOB, CFR und CIF. Diese standardisierten Klauseln der Incoterms (International Commercial Terms) sind gerade bei der Zugrundelegung im grenzüberschreitenden Rechtsverkehr wichtig und dienen der Rechtssicherheit für beide Vertragspartner hinsichtlich der jeweils bestehenden Rechte und Pflichten.

2.2.9 Sonstige Verpflichtungen des Lieferanten

a) Der Lieferant ist nur nach vorheriger schriftlicher Zustimmung seitens des Auftraggebers zur Erteilung von Unteraufträgen berechtigt. Im Falle des Zukaufs von Komponenten, Teilen oder sonstiger Produkte bei Dritten für die Vertragsprodukte, ist der Lieferant im Vorfeld zur Auskunft über diesen Vorlieferanten verpflichtet. Bei Vorliegen eines wichtigen Grundes ist der Auftraggeber berechtigt, dem Lieferanten den Zukauf der Komponenten, Teile oder Produkte bei dem mitgeteilten Vorlieferanten zu untersagen.

Anmerkung: Für den Auftraggeber ist es in aller Regel von grundlegender Bedeutung, genaue Kenntnis darüber zu haben, welche potentiellen Unterauftragnehmer und/oder Vorlieferanten der Lieferant im Hinblick auf die Vertragsprodukte einbindet. Davon hängt nicht nur die Produktqualität, sondern auch die Lieferzuverlässigkeit ab – dies insbesondere vor dem Hintergrund, dass es sich in aller Regel bei Rahmenlieferverträgen um langfristige Geschäftsbindungen handelt. Schließlich ist hier außerdem zu berücksichtigen, dass ggf. die den Auftraggeber direkt beauftragenden Endkunden gleichfalls entsprechende qualitätsbezogene Anforderungen stellen, die der Auftraggeber vollumfänglich in die Lieferkette über verbindliche Vereinbarungen durchreichen muss.

Der Einfachheit halber sollte der Lieferant bereits im Vorfeld – möglichst noch vor Abschluss des Rahmenliefervertrages – mit dem potentiellen Auftraggeber abstimmen, ob bzw. welche Unterauftragnehmer und/oder Vorlieferanten er einzubinden beabsichtigt.

b) Der Lieferant ist verpflichtet, auch die vom Auftraggeber für die jeweiligen Einzelkomponenten eventuell benannten Vorlieferanten mit der Vorlieferung zu beauftragen. Ausnahmen bedürfen der vorherigen schriftlichen Zustimmung seitens des Auftraggebers; der Auftraggeber wird eine solche Zustimmung bei Vorliegen eines wichtigen Grundes erteilen. Diese Vorgabeverpflichtung hinsichtlich der Vorlieferanten seitens des Auftraggebers entbindet jedoch den Lieferanten in keiner Weise von seiner alleinigen Gesamtverantwortung für das Vertragsprodukt; auch übernimmt der Auftraggeber hierdurch keinerlei Mitverantwortung.

Anmerkung: Nicht selten benennen Auftraggeber gegenüber den potentiellen Lieferanten vom Lieferanten zwingend einzusetzende und direkt zu beauftragende „Setzlieferanten". Der Auftraggeber kennt diese Setzlieferanten bereits, in der Regel hat er mit ihnen auch entsprechende eigenständige Preisvereinbarungen abgeschlossen. Eigentlich könnte der Auftraggeber diese von ihm gewünschten Setzlieferanten direkt beauftragen mit dem Ergebnis, dass er Vertragspartner der Setzlieferanten wird und der Setzlieferant die Verpflichtung übernimmt, die bei ihm beauftragten Komponenten oder Teile direkt an den Lieferanten zu liefern. Bei einer solchen Konstruktion würde es sich aus Sicht des Lieferanten um eine sogenannte „Beistellung" seitens des Auftraggebers handeln. Aus Sicht des Auftraggebers ist dies jedoch problematisch, weil der Auftraggeber die Qualitäts- und Terminverantwortung für diesen Setzlieferanten gegenüber dem Lieferanten übernimmt. Zur Vermeidung dieser Verantwortlichkeit wählen Auftraggeber deshalb den Weg über die Verpflichtung des Lieferanten bei den vom Auftraggeber benannten Setzlieferanten die dort zu beziehenden Komponenten oder Teile direkt zu bestellen und mit dem Setzlieferanten ein entsprechendes Vertragsverhältnis abzuschließen. Dadurch übernimmt der Lieferant die Verantwortlichkeit gegenüber dem Auftraggeber für die Qualität und die Liefertermine des Vorlieferanten.

Würde der Lieferant im Einzelfall jedoch anstreben, dass er bei Einbindung solcher ihm an sich unbekannten Setzlieferanten keine vertragliche Verantwortung zu übernehmen wünscht, so müsste dies der Lieferant hier mit dem Auftraggeber abweichend gemäß den Ausführungen im letzten Satz regeln.

c) Der Lieferant ist verpflichtet, den Auftraggeber umgehend (vorab telefonisch) schriftlich oder in Textform von etwa auftretenden Beschaffungsschwierigkeiten bei seinen Vorlieferanten und/oder Nachunternehmer zu unterrichten. Etwaige Ansprüche des Auftraggebers bleiben hiervon unberührt; es verbleibt stets bei der Gesamtverantwortung des Lieferanten für das Vertragsprodukt.

Anmerkung: Durch den Erhalt einer solchen rechtzeitigen Information besteht für den Auftraggeber ggf. noch die Möglichkeit, solche Beschaffungsschwierig-keiten des Lieferanten ganz oder teilweise durch das Ergreifen von eigenen Maßnahmen zu überwinden. Andererseits ist allerdings auch klar, dass durch die Mitteilung dieser Information der Lieferant von seiner diesbezüglichen Gesamt-verantwortung nicht entlassen wird.

d) Der Lieferant ist verpflichtet, sowohl zur absoluten Sicherstellung der vereinbarten Liefertermine, als auch zur ordnungsgemäßen Erfüllung eventueller Nacherfüllungsansprüche, eine angemessene regelmäßige Bevorratung der Vertragsprodukte sowie den wesentlichen Ersatzteilen zu unterhalten. Der Auftraggeber wird dem Lieferanten hierzu den mengenmäßigen Umfang eines solchen Sicherheitslagers in regelmäßigen Zeitabständen schriftlich oder in Textform mitteilen. Der Lieferant ist berechtigt, binnen einer Frist von … Werktagen gegen den Umfang dieses Sicherheitslagers schriftlich oder in Textform zu widersprechen, falls ein wichtiger und begründeter Grund vorliegt. Erfolgt kein Widerspruch, gilt dieses Sicherheitslager als vom Lieferanten akzeptiert. Auf diese Folge wird der Auftraggeber in seiner Mitteilung nochmals gesondert hinweisen.

Anmerkung: Die Einrichtung eines solchen Sicherheitslagers direkt beim Liefe-ranten dient zunächst einmal im Interesse von beiden Vertragspartnern zur nicht unerheblichen Reduzierung des Verzugsrisikos. Andererseits entstehen hier beim Lieferanten Kosten, die ursprünglich in die Produktkalkulation keinen Eingang gefunden haben, wie z. B. Lagerkosten, Finanzierungskosten, etc. Außerdem wäre aus Sicht des Lieferanten ergänzend zu regeln, ob hinsichtlich des Bestandes in dem Sicherheitslager am Ende des Rahmenliefervertrages seitens des Auftrag-gebers eine entsprechende Abnahmeverpflichtung besteht.

e) Der Lieferant hat ein Aufrechnungs- und/oder Zurückbehaltungsrecht nur wegen rechtkräftig festgestellter oder unbestrittener oder in einem rechtshängigen Verfahren entscheidungsreifen Gegenforderungen.

f) Der Lieferant ist nicht berechtigt, seine Forderungen aus dem Vertragsverhältnis an Dritte abzutreten. Dies gilt nicht, soweit es sich um Geldforderungen handelt.

Anmerkung: Die hier im zweiten Satz vorgesehene Einschränkung hinsichtlich Geldforderungen ergibt sich aus der gesetzlichen Vorgabe gem. § 354a Abs. 1 HGB.

g) Der Lieferant ist verpflichtet, auch nach Ablauf der jeweiligen Verjährungsfristen für Sachmängelansprüche, an den sich bei den Endkunden befindlichen Vertragsprodukten auf Anforderung des Auftraggebers eventuell notwendige Instandhaltungsarbeiten durchzuführen. Diese Arbeiten werden stets einzelfallbezogen gesondert beauftragt und vergütet, sodass die Vertragspartner diesbezüglich grundsätzlich eine individuelle projektspezifische Preisvereinbarung zu treffen haben. Der Lieferant wird solche Instandhaltungsarbeiten zu wirtschaftlich angemessenen und vertretbaren Konditionen für den Auftraggeber durchführen.

Anmerkung: Eine solche Regelung hängt natürlich von den Besonderheiten der jeweiligen Vertragsprodukte ab. Bei den Instandhaltungsarbeiten kommen einerseits Wartungsarbeiten und andererseits Instandsetzungsarbeiten (Reparaturen) in Betracht. Falls derartige Sachverhalte tatsächlich relevant sein sollten, könnten die Vertragspartner diesbezüglich auch schon auf einen entsprechend ausgehandelten „Instandhaltungsvertrag" verweisen, der ggf. sodann auch als Bestandteil des vorliegenden Rahmenliefervertrages werden könnte. Dies würde für beide Vertragspartner auch zu einer erhöhten Rechtssicherheit beitragen.

h) Dem Lieferanten ist es unter keinen Umständen gestattet, während der Laufzeit des Rahmenliefervertrages Änderungen an dem Vertragsprodukt ohne vorherige ausdrückliche schriftliche Freigabe seitens des Auftraggebers vorzunehmen.

Anmerkung: Hierbei handelt es sich häufig auch um Endkundenforderungen gegenüber den potentiellen Auftraggebern. Der Hintergrund dieser Forderung liegt auf der Hand. Es sollen Qualitätseinbußen oder Qualitätsschwankungen unbedingt vermieden werden. Häufig hat bereits eine sogenannte Erstbemusterung stattgefunden. Dieses wurde regelmäßig unter serienmäßigen Fertigungsbedingungen hergestellt und sodann einer vollständigen Prüfung unterzogen mit dem Ergebnis, dass durch den Auftraggeber die Freigabe des Lieferanten/Serienprozesses erfolgte. Im Nachhinein durchgeführte technische Abweichungen führen dazu, dass die Produkte nicht mehr der Erstbemusterung entsprechen und deshalb ggf. eine erneute Bemusterung durchgeführt werden muss (Folgebemusterung). Diese Verfahren und Abläufe kosten nicht nur Zeit sondern generieren auch Kosten und Aufwendungen.

i) Der Lieferant ist verpflichtet, einzelfallbezogene Wünsche seitens des Auftraggebers bzw. des jeweiligen Endkunden hinsichtlich des Vertragsproduktes zu berücksichtigen, soweit dies für den Lieferanten zumutbar ist; sollten solche Wünsche Auswirkungen auf Kosten und/oder Lieferzeiten haben, ist der Lieferant dazu verpflichtet, den Auftraggeber hierüber schriftlich oder in Textform innerhalb von … Werktagen zu informieren; in diesem Fall werden sich die Vertragspartner einvernehmlich über eine entsprechende schriftliche Nachtragsvereinbarung zu diesem Rahmenliefervertrag verständigen. Erfolgt keine entsprechende Mitteilung, verbleibt es bei den ursprünglich zugrunde gelegten Preisen.

Anmerkung: Während es noch unter Ziff. 2.2.9 h) dem Lieferanten ohne vorherige ausdrückliche schriftliche Zustimmung durch den Auftraggeber nicht gestattet ist, Änderungen an dem Vertragsprodukt durchzuführen, ist es das Anliegen der vorliegenden Ziff. 2.2.9 i), zugunsten des Auftraggebers einen entsprechenden Rechtsanspruch auf Durchführung von Änderungen bzw. von einzelfallbezogenen Wünschen gegenüber dem Lieferanten durchsetzen zu können. Dies kann auf geänderte technische Anforderungen zurückzuführen sein und/oder auch auf zusätzliche Änderungswünsche seitens des Endkunden des Auftraggebers. Würde keine entsprechende Regelung über die Durchführung von auftraggggeberseitigen Änderungswünschen im Vertrag enthalten sein, so würde der Auftraggeber auch gegenüber dem Lieferanten über keinen entsprechenden Rechtsanspruch verfügen, weil jegliche Abweichung von irgendeiner vertraglichen Bestimmung stets die Zustimmung von beiden Vertragspartnern bedarf. Produkt- und branchenabhängig kann ein solches „Change-Request-Verfahren" (CR) zwischen den Vertragspartnern im Einzelnen sehr detailliert abgestimmt und auch hinsichtlich des formalen Ablaufes bereits bei Abschluss des Rahmenliefervertrages detailliert festgelegt werden. Interessant ist es im Übrigen, dass der Gesetzgeber mit Wirkung ab dem 01.01.18 unter den §§ 650b und 650c BGB einen solchen Änderungsablauf speziell für Werkverträge bzw. Bauverträge neu eingeführt hat. Derartige gesetzliche Vorgaben können im Einzelnen sicherlich auch bei der einen oder anderen Vertragsgestaltung hilfreich sein, falls es um die Durchführung von technischen Änderungen sowie deren Rechtsfolgen hinsichtlich Zeit und Kosten geht.

j) Der Auftraggeber hat das jederzeitige Recht, während der üblichen Geschäftszeiten, in der Betriebsstätte des Lieferanten den Fortgang der Arbeiten zu beobachten und sich über den Stand der Arbeiten zu informieren.

Anmerkung: Gerade bei langfristigen Verträgen kann es erforderlich sein, dem Auftraggeber ein entsprechendes Vor-Ort-Beobachtungs- und -Informationsrecht einzuräumen, damit er sich stets auch von der qualitativen Ordnungsmäßigkeit der Herstellung der Vertragsprodukte überzeugen kann. Gegebenenfalls könnte auch vorgesehen werden, dass der Auftraggeber nicht selbst, sondern durch einen Bevollmächtigten die entsprechende Vor-Ort-Beobachtung durchführt. In diesem Fall könnte Ziff. 2.2.9 j) noch durch folgende Regelung erweitert werden:

„Der Auftraggeber ist berechtigt, zur Durchführung dieser Vor-Ort-Beobachtung auch einen externen Bevollmächtigten zum Lieferanten zu entsenden; der Lieferant kann der Bestimmung dieses externen Bevollmächtigten aus wichtigem und begründetem Grund widersprechen."

Das im zweiten Nebensatz vorgesehene Widerspruchsrecht zugunsten des Lieferanten kann deshalb angezeigt sein, weil es sich eventuell auch bei der Bestimmung eines externen Bevollmächtigten um einen direkten oder indirekten

Wettbewerber des Lieferanten handeln könnte. In diesem Fall bestünde hier ggf. ein wichtiger Grund für den Lieferanten, diesem externen Bevollmächtigten den Zutritt zu verweigern bzw. im Vorfeld bereits ein entsprechendes Veto beim Auftraggeber einzulegen.

Hinsichtlich des „jederzeitigen" Rechtes zur Beobachtung könnte alternativ auch vorgesehen werden, dass sich die Vertragspartner auf eine entsprechende Zeit während der üblichen Geschäftszeiten verständigen.

k) Der Lieferant ist verpflichtet, den Auftraggeber mit Ersatzteilen zu den Vertragsprodukten über einen Zeitraum von … Jahren nach Beendigung des vorliegenden Rahmenliefervertrages zu marktgerechten Bedingungen zu beliefern.

<u>Anmerkung</u>: Gerade bei langlebigen Produkten kann es für den Auftraggeber von grundlegender Bedeutung sein, eine entsprechende Verpflichtung des Lieferanten mit der Belieferung von Ersatzteilen über einen im einzelnen festzulegenden Zeitraum zu verpflichten. Die Motivation für die Verständigung einer solchen Ersatzteillieferverpflichtung besteht darin, dass es grundsätzlich keine gesetzliche Regelung gibt, die einen Lieferanten – nach Ablauf der Gewährleistungsfristen – zur Belieferung von Ersatzteilen verpflichtet. Dies betrifft grundsätzlich nicht nur Hardware-Ersatzteile, sondern auch Leistungen bzw. Dienstleistungen, wie z. B. Instandhaltungsleistungen nach Ablauf der Gewährleistungsfristen. Hier sollte im Einzelfall der konkrete Bedarf bzw. die spezifischen Anforderungen des Endkunden sowie des Marktes ermittelt werden, damit entsprechende Lieferverpflichtungen über die Zeitachse in die Lieferkette hineingetragen werden können.

Auch kann zwischen den Vertragspartnern dieser Regelungspunkt produkt- und branchenabhängig im Einzelfall sehr detailliert ausgestaltet werden. Auch könnte beispielsweise versucht werden, dass bereits im Zeitpunkt des Abschlusses des vorliegenden Rahmenliefervertrages zumindest über einen überschaubaren Zeitraum auch bereits die Ersatzteilversorgung preislich festgeschrieben werden könnte. Nach Ablauf einer entsprechenden Preisfestlegungsperiode sollte sodann der Lieferant dazu verpflichtet werden, zu marktgerechten Bedingungen zu liefern; ggf. könnten auch bereits im Vorfeld Preisanpassungsregelungen vereinbart werden.

l) Beabsichtigt der Lieferant, nach Beendigung des vorliegenden Rahmenliefervertrages die Herstellung der Vertragsprodukte bzw. nach Ablauf der unter Ziff. 2.2.9 k) genannten Frist von Ersatzteilen für die an den Auftraggeber gelieferten Vertragsprodukte einzustellen, wird er dies dem Auftraggeber unverzüglich nach der Entscheidung über die Einstellung schriftlich oder in Textform mitteilen. Diese Entscheidung muss mindestens sechs Monate vor der Einstellung der Herstellung der Vertragsprodukte liegen. Innerhalb der vorgenannten Sechsmonatsfrist ist der Auftraggeber berechtigt, bei dem Lieferanten noch eine Bestellung der Vertragsprodukte zu marktgerechten Bedingungen tätigen zu können; in diesem Fall ist der Lieferant dazu verpflichtet, den Auftraggeber entsprechend zeitgerecht und unter entsprechender Anwendung der Bestimmungen des vorliegenden Rahmenliefervertrages zu beliefern.

Anmerkung: Beabsichtigt der Lieferant nach Ablauf des vorliegenden Rahmenliefervertrages seine Produktion der Vertragsprodukte einzustellen, kann es im Einzelfall sachgerecht sein, dass der Lieferant dazu verpflichtet wird, den Auftraggeber rechtzeitig im Vorfeld darüber zu informieren und dem Auftraggeber auch noch die Gelegenheit einzuräumen, noch letzte Bestellungen von Vertragsprodukten tätigen zu dürfen. Gegebenenfalls verfügt der Auftraggeber – auch nach Ablauf des vorliegenden Rahmenliefervertrages – noch über einen entsprechenden Markt, der mit den vertragsgegenständlichen Vertragsprodukten beliefert werden kann. In diesem Fall wäre es sicherlich angemessen, mit dem Lieferanten ein – wie hier in Ziff. 2.2.9 l) vorgesehenes – Procedere über die „Abkündigung" der Vertragsprodukte zu vereinbaren. Sollte dann geregelt werden, dass der Auftraggeber noch die Berechtigung hat, innerhalb der vertraglichen Vorlauffrist (im vorliegenden Muster: 6 Monate, wobei diese Frist sicherlich auch verlängert werden könnte) noch Bestellungen tätigen zu können. Auf der anderen Seite sollte auch die ausdrückliche Verpflichtung in der Regelung vorgesehen werden, dass der Lieferant dann auch zeitnah den Auftraggeber zu beliefern hat; im Übrigen sieht das vorliegende Muster vor, dass auch solche Einzelbestellungen nach Ablauf des vorliegenden Rahmenliefervertrags auch noch zu den Vertragsbedingungen dieses Rahmenliefervertrags beauftragt und abgewickelt werden sollen.

2.2.10 Geheimhaltungsverpflichtung

a) Der Lieferant verpflichtet sich, Geschäfts- und Betriebsgeheimnisse (nachfolgend „Vertrauliche Informationen" genannt), die ihm während der Laufzeit dieses Rahmenliefervertrages sowie davor von dem Auftraggeber zugänglich gemacht wurden oder werden oder die ihm im Zusammenhang mit der Geschäftsbeziehung bekannt geworden sind, streng geheim zu halten und keinem Dritten zugänglich zu machen. Zur Erfüllung dieser Geheimhaltungsverpflichtung hat der Lieferant alle erforderlichen und zumutbaren Maßnahmen zu ergreifen.

Anmerkung: Gegebenenfalls haben die beiden Vertragspartner bereits vor Beginn der Vertragsverhandlungen um den Abschluss des vorliegenden Rahmenliefervertrages bereits eine Geheimhaltungsvereinbarung abgeschlossen. Sollte dies der Fall sein und auch die Inhalte dieser Geheimhaltungsvereinbarung nicht nur die vorvertragliche Phase betreffen, sondern auch den später abgeschlossenen Rahmenliefervertrag, so könnte der Einfachheit halber diese Geheimhaltungsvereinbarung als Bestandteil des vorliegenden Rahmenliefervertrages erklärt werden. In diesem Fall könnte die Ziff. 2.2.10 a) insgesamt lediglich wie folgt lauten:

„Die Vertragspartner haben am ... (Tag/Monat/Jahr) ... die als Anlage 4 beigefügte Geheimhaltungsvereinbarung abgeschlossen, die hiermit auch als wesentlicher Bestandteil des vorliegenden Vertrages erklärt wird."

In diesem Fall könnte auf die hier im Muster vorgeschlagenen Regelungspunkte unter Ziff. 2.2.10 a) – 2.2.10 e) verzichtet werden.

Im Übrigen handelt es sich bei der vorliegenden Geheimhaltungsverpflichtung gem. Ziff. 10 dieses Musters um eine solche auf „Einseitigkeit". Dies bedeutet, dass sich lediglich der Lieferant gegenüber dem Auftraggeber – nicht jedoch auch umgekehrt – zur Geheimhaltung der vertraulichen Informationen verpflichtet. Nicht selten sind solche Geheimhaltungsvereinbarungen auf Einseitigkeit nicht durchsetzbar; in diesem Fall sollte Ziff. 2.2.10 in eine Geheimhaltungsverpflichtung „auf Gegenseitigkeit" geändert werden, wonach sich sodann beide Vertragspartner zu den gleichen Rechten und Pflichten gemäß den Ziff. 2.2.10 a) – 2.2.10 b) verpflichten.

b) Die „Vertraulichen Informationen" sind im Übrigen vom Lieferanten nur denjenigen Mitarbeitern zugänglich zu machen, die diese vertraulichen Informationen im Hinblick auf die Erfüllung des vorliegenden Rahmenliefervertrages benötigen. Auch diese Mitarbeiter sind vom Lieferanten gemäß den Regelungen dieser Ziff. 2.2.10 schriftlich zu verpflichten. Auf Anforderung des Auftraggebers hat der Lieferant unverzüglich Auskunft über die mit diesen Mitarbeitern getroffenen Geheimhaltungsregelungen zu erteilen und auch Kopien entsprechender Geheimhaltungsdokumente auszuhändigen.

<u>Anmerkung</u>: Hier ist vom Lieferanten zu beachten, dass er die „Vertraulichen Informationen" nur an seine „Mitarbeiter" weitergeben darf; dies auch nur an solche Mitarbeiter, die diese „Vertraulichen Informationen" benötigen („Need-to-Know-Basis").

Der Lieferant hat hierbei auch zu berücksichtigen, dass beispielsweise auch sogenannte freie Mitarbeiter keine „Mitarbeiter" im Sinne der vorliegenden Ziff. 2.2.10 b) darstellen, sondern als „Dritte" im Sinne der obigen Ziff. 2.2.10 a) zu qualifizieren sind.

Zur Vermeidung eines ggf. nicht unerheblichen Verwaltungsaufwandes könnte alternativ an Satz 2 noch folgende Regelung angefügt werden:

„... schriftlich zu verpflichten, es sei denn, diese Mitarbeiter wurden bereits arbeitsrechtlich zur Verschwiegenheit verpflichtet."

c) Die Geheimhaltungsverpflichtung entfällt, soweit die vertraulichen Informationen dem Lieferanten bereits bekannt waren oder der Öffentlichkeit bereits bekannt oder allgemein zugänglich waren oder im Nachhinein ohne Verschulden des Lieferanten ihm oder der Öffentlichkeit bekannt oder zugänglich gemacht wurden; nachweispflichtig ist der Lieferant.

d) Die Geheimhaltungsverpflichtung gemäß dieser Ziffer 2.2.10 gilt auch noch über einen Zeitraum von … Jahren ab Beendigung dieses Rahmenliefervertrages.

Anmerkung: Grundsätzlich sollte eine unbefristete Verpflichtung zur Verschwiegenheit nach der Beendigung des Rahmenliefervertrages vermieden werden. Aus rechtlichen und auch aus tatsächlichen Gründen ist es vorzuziehen, Geheimhaltungsverpflichtungen in der Regel befristet zu vereinbaren. Hierbei hängt es von dem jeweils zugrundeliegenden Sachverhalt und der grundlegenden Bedeutung des vertragsgegenständlichen Vertragsproduktes ab, über welche nachvertragliche Laufzeit die Geheimhaltungsverpflichtung noch andauern soll. Grundsätzlich ist nahezu fast alles darstellbar: 3, 5, 7, 10 Jahre oder eine andere Frist.

e) An Unterlagen, die der Auftraggeber dem Lieferanten übergeben hat (einschließlich Zeichnungen, Abbildungen, etc.) – gleich auf welchem Datenträger sich diese befinden – behält sich Auftraggeber die Eigentumsrechte vor; gleiches gilt auch für die Urheberrechte des Auftraggebers, sofern die Inhalte dieser Unterlagen urheberrechtsfähig sind. Diese Unterlagen dürfen vom Lieferanten ohne vorherige ausdrückliche schriftliche Zustimmung des Auftraggebers nicht an Dritte weitergegeben bzw. in sonstiger Art und Weise zugänglich gemacht werden. Diese vertraulichen Informationen dürfen vom Lieferanten ausschließlich für die Zwecke gemäß dem vorliegenden Rahmenliefervertrag sowie im Rahmen der zugrundeliegenden Einzelbestellungen verwendet werden. Diese vertraulichen Informationen sind an dem Auftraggeber auf dessen schriftliche oder per Textform erfolgte Anforderung, jedoch spätestens innerhalb von fünf Wochen nach Abwicklung des vorliegenden Rahmenliefervertrages sowie der eventuell noch laufenden Einzelbestellungen unaufgefordert zurückzugeben. Alternativ kann der Auftraggeber vom Lieferanten verlangen, dass dieser diese vertraulichen Informationen vernichtet oder löscht. Der Lieferant hat in diesem Fall dem Auftraggeber eine schriftliche Erklärung über die vollständige Durchführung der Vernichtung und/oder Löschung zu übergeben. Von der Verpflichtung zur Löschung ausgenommen sind routinemäßig angefertigte Sicherungs-Backup-Kopien des elektronischen Datenverkehrs. Dem Lieferanten steht an diesen Unterlagen kein Zurückbehaltungsrecht zu.

Anmerkung: Die Regelungsinhalte dieser Ziff. 2.2.10 e) beziehen sich primär auf Unterlagen, die der Auftraggeber dem Lieferanten übergeben hat. Zunächst der Auftraggeber sicherzustellen, dass dies Unterlagen vom Lieferanten nicht an Dritte weitergegeben werden. Hier können im Hinblick auf einzelne dieser Unterlagen im Einzelfall Ausnahmen vereinbart werden, falls beispielsweise der Lieferant zulässigerweise mit Nachunternehmern und/oder Vorlieferanten zusammenarbeitet und er deshalb an diese Dritt-Unternehmen zur Projektbearbeitung entsprechende Auftraggeber-Unterlagen weiterzugeben hat. In diesem Fall hat der Lieferant gleichfalls seine Unterauftragnehmer bzw. Vorlieferanten analog der vorliegenden Ziff. 2.2.10 insgesamt zur Verschwiegenheit zu verpflich-

ten und insbesondere auch den vorliegenden Regelungspunkt gem. Ziff. 2.2.10 e) entsprechend durchzureichen.

Weiterhin sollte der Auftraggeber sicherstellen, dass insbesondere bei Beendigung des Rahmenliefervertrags diese Unterlagen wieder an ihn zurückgegeben werden oder – im Falle von elektronischen Dokumenten – dass diese entsprechend vom Lieferanten vernichtet werden und dem Auftraggeber vom Lieferanten eine entsprechende schriftliche Vernichtungserklärung übergeben wird. Hiervon ausgenommen werden können routinemäßig angefertigte Sicherungs-Back-up-Kopien des elektronischen Datenverkehrs.

Schließlich sollte die Regelung generell auch vorsehen, dass dem Lieferanten kein Zurückbehaltungsrecht an diesen Unterlagen zusteht.

2.2.11 Mängelhaftung

a) Der Lieferant gewährleistet, dass die jeweiligen gemäß Einzelbestellung/Abruf gelieferten Vertragsprodukte den jeweiligen zugrunde liegenden Vorgaben, Spezifikationen, Zeichnungen, etc. entsprechen.

Anmerkung: Im Rahmen der Mängelhaftung (Gewährleistung) ist der Lieferant verpflichtet, dem Auftraggeber (Käufer) die Vertragsprodukte frei von Sach- und Rechtsmängeln zu verschaffen. Nach dem Gesetz ist das Vertragsprodukt dann frei von Sachmängeln, wenn es bei Gefahrübergang die vereinbarten Beschaffenheiten haben (§§ 433 Abs. 1. Satz 2, 434 Abs. 1 Satz 1 BGB).

Die beiden Vertragspartner müssen im Hinblick auf die vertragsgegenständlichen Vertragsprodukte genau prüfen, wodurch die „vereinbarte Beschaffenheit" gekennzeichnet ist. In Ziff. 2.2.11 a) des Vertragsmusters wird hier beispielhaft auf Vorgaben, Spezifikationen und Zeichnungen und dergleichen verwiesen. Hierüber sollten sich die Vertragspartner klar und eindeutig verständigen und sich nachvollziehbar auf die zugrundeliegenden technischen Unterlagen vereinbaren, insbesondere sollten diese nachvollziehbar und möglichst auch abschließend definiert werden (z.B. Verfasser, Datum, Kennzeichnungsnummern, etc.).

b) Dem Auftraggeber stehen die gesetzlichen Mängelansprüche uneingeschränkt zu. Der Auftraggeber ist in jedem Fall berechtigt, nach seiner Wahl vom Lieferanten Nachbesserung oder Neulieferung zu verlangen. Auch das Recht auf Schadensersatz, vor allen Dingen das auf Schadensersatz statt der Lieferung, bleibt ausdrücklich vorbehalten.

Anmerkung: Lediglich deklaratorisch wird im ersten Satz vereinbart, dass dem Auftraggeber diese gesetzlichen Mängelansprüche auf jeden Fall zustehen. Bei diesen gesetzlichen Mängelansprüchen handelt es sich um die Ansprüche der Nacherfüllung, der Kaufpreisminderung, des Rücktritts vom Vertrag sowie even-

tuelle Schadensersatzansprüche (§ 437 BGB). Weiterhin wird im zweiten Satz mitgeteilt, dass im Hinblick auf den Nacherfüllungsanspruch der Auftraggeber – und nicht der Lieferant – die Wahl hat, ob im Rahmen der Nacherfüllung ein Sachmangel entweder beseitigt wird (Nachbesserung) oder ob der Lieferant eine neue mangelfreie Sache liefern muss (§ 439 Abs. 1 BGB).

c) Im Falle einer mangelhaften Lieferung von Vertragsprodukten hat der Lieferant die zum Zwecke der Nacherfüllung erforderlichen Aufwendungen, insbesondere Transport-, Wege-, Arbeits- und Materialkosten zu tragen.

Anmerkung: Diese Regelung entspricht grundsätzlich der gesetzlichen Regelung gem. § 439 Abs. 2 BGB und führt beispielhaft die hier genannten Kostenpositionen auf. Diese Kostenpositionen dienen in erster Linie dazu, den konkreten Sachmangel an dem Vertragsprodukt zu beseitigen; es handelt sich hierbei somit um sogenannte direkte Kosten, die entsprechend zum Zwecke der Beseitigung des Sachmangels anfallen können. Erforderlichenfalls können hier ggf. auch noch andere – hier nicht erwähnte – Kostenpositionen unter diesen Nacherfüllungsanspruch subsumiert werden, wie z. B. eventuell erforderliche Sachverständigenkosten.

d) Zu den unter Ziffer 2.2.11 c) zu tragenden Kosten der Nacherfüllung hat der Lieferant ebenfalls die vom Auftraggeber nachgewiesenen zusätzlichen Aus- und Einbaukosten sowie eventuelle Sortierkosten und die Kosten für eine den üblichen Umfang übersteigende Eingangskontrolle zu übernehmen.

Anmerkung: Für Verträge, die bis zum 31.12.2017 zwischen Kaufvertragsparteien abgeschlossen worden sind, war es unter Berücksichtigung gewisser Konstellationen streitig, ob ein Lieferant auch die beim Auftraggeber bzw. die bei dessen Endkunden angefallenen Ein- und Ausbaukosten zu übernehmen hatte. Dieser Sachverhalt wurde mit Wirkung ab dem 01.01.2018 in § 439 Abs. 3 Satz 1 BGB geregelt. Hat der Käufer die mangelhafte Sache gemäß ihrer Art und ihrem Verwendungszweck in eine andere Sache eingebaut oder an eine andere Sache angebracht, ist der Verkäufer im Rahmen der Nacherfüllung verpflichtet, dem Käufer die erforderlichen Aufwendungen für das Entfernen der mangelhaften und den Einbau oder das Anbringen der nachgebesserten oder gelieferten mangelfreien Sache zu ersetzen. Damit ist dem Regelungsinhalt hinsichtlich der Ein- und Ausbaukosten unter Ziff. 2.2.11 d) dieses Vertragsmusters ebenfalls grundsätzlich nur deklaratorische Bedeutung beizumessen.

In der Klausel werden noch gesondert die Sortierkosten sowie Kosten für erhöhte Eingangskontrollen benannt. Diese beim Auftraggeber ggf. anfallenden Kosten können nicht immer eindeutig als Nacherfüllungskosten qualifiziert werden, sodass hier eine vertragliche Regelung mit dem Ziel der Weiterreichung dieser Kosten an den Lieferanten weiterhelfen kann.

e) Ist die sofortige Behebung eines Sachmangels zur Abwendung größerer Nachteile, insbesondere beispielsweise auch zur Abwendung oder Reduzierung von größeren Schadensersatzansprüchen notwendig, so ist der Auftraggeber nach entsprechender vorheriger Information des Lieferanten berechtigt, den Sachmangel auf Kosten des Lieferanten selbst zu beseitigen oder durch Dritte beseitigen zu lassen.

Anmerkung: Dieses Selbstvornahmerecht sollte grundsätzlich so ausgestaltet werden, dass im Vorfeld auf jeden Fall eine Information dem Lieferanten übermittelt wird, eventuell ggf. sogar eine entsprechende kurze Abstimmung über die diesbezügliche Vorgehensweise der Durchführung einer solchen Selbstbeseitigung. In der Rechtsprechung sind derartige standardisierte Selbstvornahmeregelungen umstritten, teilweise auch unwirksam, es sei denn, diese wurden individuell zwischen den Vertragspartnern vereinbart. Grundsätzlich sollte auch von einer solchen Selbstvornahmeregelung nur dann Gebrauch gemacht werden, falls diese Aktion im konkreten Fall tatsächlich zur Abwendung größerer Nachteile und/oder Schäden dienen kann und dem Auftraggeber ggf. im Rahmen seiner grundsätzlich bestehenden Schadensminderungsverpflichtung auch noch eine diesbezügliche Aktion notwendig erscheint.

Gegebenenfalls könnten die Vertragspartner derartige Sachverhalte auch detaillierter im Rahmen eines Rahmenliefervertrages regeln, insbesondere auch dann, falls entsprechende Nacherfüllungsaktionen nicht nur im Inland, sondern international durchgeführt werden müssen. Hier könnte man auch daran denken, dass die Vertragspartner produkt-, branchen- oder länderspezifisch individuelle Gewährleistungsabwicklungsvereinbarungen treffen, um – im Interesse beider Vertragspartner – insbesondere potentielle Endkundenansprüche kurzfristig erfüllen und/oder Endkunden-Schadensersatzansprüche abwenden zu können.

f) Falls im Einzelfall zwischen den Vertragspartnern nichts Abweichendes schriftlich oder in Textform vereinbart, handelt es sich bei dem Bestimmungsort gemäß obiger Ziffer 2.2.6 c) um den für den Lieferanten vertraglich maßgeblichen Ort der Nacherfüllung. Jede Nacherfüllung hat an diesem Ort seitens des Lieferanten auf seine Kosten stattzufinden, unbeschadet irgendwelcher Grundsätze der Angemessenheit oder Verhältnismäßigkeit, es sei denn, die Vertragspartner verständigen sich im Einzelfall auf eine andere Vorgehensweise. In diesem Zusammenhang bestätigt der Lieferant ausdrücklich, dass ein endkundenorientiertes Arbeiten insbesondere im Zusammenhang mit eventuellen Nacherfüllungshandlungen absoluter Vorrang genießt.

Anmerkung: Falls zu diesem Punkt des Nacherfüllungsortes nichts vereinbart werden würde, ist es üblicherweise in der Praxis stets schwierig, mit juristischer Treffsicherheit den tatsächlichen und rechtlichen Erfüllungsort für die Durchführung eventueller Nacherfüllungsarbeiten eindeutig zu bestimmen. Da dieser Regelungskomplex erfahrungsgemäß allerdings auch mit nicht unerheblichen Kosten verbunden ist, sollten sich die Vertragspartner diesbezüglich – national und/oder international – auf gesonderte Gewährleistungsabwicklungsregelungen verständigen (vgl. auch Anmerkung zu obiger Ziff. 2.2.11 e).

g) Die Verjährungsfrist für Sachmängelansprüche beträgt drei Jahre und beginnt hinsichtlich der Vertragsprodukte ab dem Zeitpunkt des Gefahrenübergangs an den Auftraggeber.

Anmerkung: Bei dem Verkauf beweglicher Sachen beträgt die Verjährungsfrist für Mängelansprüche (Gewährleistungsfrist) nach dem Gesetz zwei Jahre. Diese Frist von zwei Jahren kann standardmäßig, d. h. AGB-rechtlich zulässig, seitens des Auftraggebers (Käufers) auf drei Jahre erweitert werden. Dies führt natürlich über die Zeitachse betrachtet zu einer Risikoerhöhung bei dem Lieferanten; gleichwohl ist es erforderlich, dass sich die Vertragspartner auf eine entsprechend angemessene Verjährungsfrist verständigen. Hierbei ist sicherlich auch verstärkt zu berücksichtigen, welche potentiellen Gewährleistungsfristen der Auftraggeber seinem direkten Endkunden einräumen muss. Diese sollten als Mindestfrist zur Orientierung in der Regelung des vorliegenden Rahmenliefervertrages dienen. Aus Sicht des Auftraggebers sollte auf jeden Fall vermieden werden, dass eine zeitliche Deckungslücke besteht, falls der Auftraggeber mit seinem eigenen Endkunden längere Gewährleistungsfristen vereinbaren muss, als er mit seinen eigenen Lieferanten vereinbaren kann. Sollte sich nämlich im Rahmen einer solchen zeitlichen Deckungslücke ein Sachmangel an den Vertragsprodukten im Feld ergeben, so bestünde für den Auftraggeber keine Möglichkeit mehr, entsprechende Gewährleistungsansprüche an seinen eigenen Lieferanten durchzureichen; er würde grundsätzlich auf diesen Endkundenansprüchen „sitzen bleiben".

h) Im Hinblick auf die von dem Auftraggeber zu erfüllenden Mängeluntersuchungs- und Mängelrügepflichten gelten die besonderen Bestimmungen der zwischen den Vertragspartnern bestehenden Qualitätssicherungsvereinbarung vom … (Tag/Monat/Jahr) …, welche als *Anlage 5* beigefügt ist.

Anmerkung: Sollte keine Qualitätssicherungsvereinbarung mit einer Regelung über den Umgang der Pflichten bei der Durchführung einer Wareneingangsprüfung auf Seiten des Auftraggebers bestehen, so sollten hier in diesem Rahmenliefervertrag wenigstens einige Mindestregelungspunkte vorgesehen werden. Beispielsweise könnte folgende Regelung als Alternativregelung unter Ziff. 2.2.11 h) in Betracht kommen:

„Der Auftraggeber ist verpflichtet, bei Erhalt der Vertragsprodukte eine Untersuchung auf eventuelle Transportschäden sowie auf Vollständigkeit und Identität durchzuführen. Im Übrigen ist der Lieferant dazu verpflichtet, eine eigene dokumentierte Warenausgangsprüfung durchzuführen, die im Umfang dem gleichen Zweck dient, wie die eigentlich gesetzlich vom Auftraggeber durchzuführende Wareneingangskontrolle. Der Auftraggeber ist verpflichtet, bei Feststellung eventueller Sachmängel bei den gelieferten Vertragsprodukten dem Lieferanten eine Mängelrüge zu übermitteln; diese Mängelrüge ist rechtzeitig, wenn sie innerhalb von zehn Werktagen ab Eingang der Vertragsprodukte, oder – bei versteckten Mängeln – ab Entdeckung gegenüber dem Lieferanten erteilt wird."

Weil erhebliche Abweichungen von dem gesetzlich vorgesehenen „Frühwarnsystem" des § 377 HGB im Rahmen von standardisierten Dokumenten (z. B. Ein-

kaufsbedingungen, Standardverträgen, etc.) grundsätzlich nicht zulässig sind, sollte stets versucht werden, diese Regelung der Wareneingangsprüfung individuell zwischen den Vertragspartnern abzustimmen. Dabei sollte der Auftraggeber auch unbedingt darauf achten, dass der Lieferant sich diesbezüglich auch mit seinem eigenen Versicherer abstimmt, damit nicht das Risiko einer späteren Versagung des Deckungsschutzes besteht, weil eine reduzierte Wareneingangsprüfung beim Lieferanten zu einer Risikoerhöhung führen kann und eine solche Risikoerhöhung vom Versicherer grundsätzlich nur dann getragen wird, falls dies mit ihm abgestimmt war.

i) Vom Lieferanten ersetzte mangelhafte Teile sind nach Freigabe des Auftraggebers, an den Lieferanten auf Gefahr und Kosten des Lieferanten zurückzuliefern, falls im Einzelfall zwischen den Vertragspartnern nichts Abweichendes abgestimmt wird.

2.2.12 Produkthaftung und Versicherung

a) Soweit der Lieferant für einen Schaden an dem Vertragsprodukt verantwortlich ist, hat er den Auftraggeber von entsprechenden potentiellen Schadensersatzansprüchen Dritter freizustellen. Dies gilt dann, falls die Ursache des Schadens in seinem Verantwortungsbereich liegt und er auch selbst im Außenverhältnis gegenüber einem betroffenen bzw. geschädigten Dritten selbst haften würde.

Anmerkung: Hier geht es primär um potentielle produkthaftungsrechtliche Ansprüche Dritter, die gegenüber dem Auftraggeber geltend gemacht werden können. In diesem Fall stellt Ziff. 2.2.12 a) klar, dass der Auftraggeber insoweit eventuelle Regressansprüche gegenüber dem den Schaden verursachenden Lieferanten geltend machen könnte.

b) Der Lieferant ist außerdem im Zusammenhang mit seiner Haftung gemäß vorstehender Ziffer 2.2.12 a) dazu verpflichtet, ebenfalls gegenüber dem Auftraggeber eventuelle Kosten, die aus oder im Zusammenhang mit einer wegen produkthaftungsrechtlicher Fehler gem. Ziff. 2.2.12 a) durchzuführenden Rückrufaktion entstehen, zu übernehmen. Vor Einleitung einer entsprechenden Rückrufaktion versucht der Auftraggeber den Lieferanten insoweit zu informieren und eventuelle notwendig Schritte mit ihm abzustimmen, es sei denn, dass aufgrund einer dringenden Sachlage der Auftraggeber gehalten ist, unverzüglich aus Gründen der Schadensabwehr eine Rückrufaktion durchzuführen.

c) Der Lieferant ist dazu verpflichtet, eine Produkthaftpflichtversicherung mit einer angemessenen Deckungssumme abzuschließen bzw. zu unterhalten. Die Vertragspartner bewerten die Angemessenheit mit mindestens … Mio. Euro pro Personenschaden/Sachschaden; dem Lieferanten ist bekannt, dass unbeschadet dessen weitergehende Ansprüche des Auftraggebers unberührt bleiben. Innerhalb von … Werktagen ab dem Inkrafttreten des vorliegenden Rahmenliefervertrages hat der Lieferant eine entsprechende Versicherungsbestätigung über den Abschluss und die Aufrechterhaltung in dem genannten Deckungsumfang vorzulegen. Der Auftraggeber ist außerdem dazu berechtigt, jederzeit vom Lieferanten eine aktuelle Versicherungsbestätigung mit dem genannten Deckungsumfang vorzulegen.

2.2.13 Laufzeit dieses Vertrages

a) Der vorliegende Rahmenliefervertrag tritt mit Unterzeichnung durch beide Vertragspartner in Kraft.

Anmerkung: Der vorliegende Rahmenliefervertrag soll durch Unterzeichnung durch beide Vertragspartner in Kraft treten. Gegebenenfalls könnten auch noch andere Voraussetzungen für das Inkrafttreten hier definiert werden, z. B. Vorlage einer Vertragserfüllungsbürgschaft seitens des Lieferant gegenüber dem Auftraggeber, falls im Einzelfall eine solche vereinbart werden würde. Eventuell sind auch noch irgendwelche technische und/oder kaufmännische Regelungspunkte zu klären, die ebenfalls als Voraussetzung für das Inkrafttreten des Vertrages mit herangezogen werden könnten.

b) Dieser Rahmenliefervertrag hat zunächst eine Laufzeit bis zum … (Tag/Monat/Jahr) … Wird er nicht von einem der beiden Vertragspartner unter jeweiliger Einhaltung einer Frist von … Monaten ordentlich zum jeweiligen Beendigungszeitpunkt gekündigt, so verlängert er sich jeweils bis zum Ende des darauf folgenden Kalenderjahres.

Anmerkung: Ein Rahmenliefervertrag ohne eine feste Laufzeit bzw. feste Mindestlaufzeit sollte aus Sicht des Auftraggebers nicht abgeschlossen werden. Der Auftraggeber beabsichtigt ja, den Lieferanten über einen gewissen Mindestzeitraum dazu verpflichten zu können, dass dieser mit der Lieferung von Vertragsprodukten den entsprechenden Bedarf beim Auftraggeber deckt. Ein Rahmenliefervertrag mit einer unbestimmten Laufzeit würde diesem Interesse nicht gerecht werden.

Alternativ könnte auch vorgesehen werden, dass der Rahmenliefervertrag eine feste Laufzeit hat, wie es im ersten Satz vorgesehen ist. Würde keine automatische Verlängerungsmöglichkeit, wie im zweiten Satz vorgesehen, im Rahmenliefervertrag enthalten sein, so würde der Rahmenliefervertrag automatisch enden und zwar ohne die Erteilung irgendeiner ordentlichen Kündigung. Dies ist allerdings in aller Regel nicht sachgerecht. Die Vertragspartner beabsichtigen in der Regel, dass der Rahmenliefervertrag automatisch weiterläuft bzw. sich um jeweils eine weitere Frist verlängert, falls er nicht ordentlich unter Einhaltung einer im Vertrag vorgesehenen Frist zum jeweiligen Beendigungszeitpunkt gekündigt wird, wie es im zweiten Satz vorgesehen ist.

c) Unbeschadet der ordentlichen Kündigung gem. Ziffer 2.2.13 b) ist eine Kündigung dieses Rahmenliefervertrages aus wichtigem Grund für beide Vertragspartner jederzeit möglich. § 314 BGB findet Anwendung.

Anmerkung: Die Möglichkeit der außerordentlichen Kündigung aus wichtigem Grund sollte stets zugunsten von beiden Vertragspartnern ausdrücklich vorgesehen werden. Der im zweiten Satz enthaltene Verweis auf § 314 BGB hat zwar nur deklaratorische Wirkung, ist allerdings auch wichtig, um im Einzelfall die darin geregelten weiteren Voraussetzungen der Kündigung eines „Dauerschuldverhältnisses"; wie es der Rahmenliefervertrag in aller Regel darstellt, nochmals ausdrücklich zu erwähnen. Hier ist insbesondere von grundlegender Bedeutung, dass eine entsprechende Kündigung aus wichtigem Grund ohne Einhaltung einer Kündigungsfrist in aller Regel nur dann möglich ist, falls dem Gekündigten zuvor eine bestimmte Frist zur Abhilfe des wichtigen Grundes oder nach erfolgloser Abmahnung erteilt wurde; diese Voraussetzung ist insbesondere dann notwendig, falls der wichtige Grund in der Verletzung einer Verpflichtung aus dem zugrunde-liegenden Rahmenliefervertrag bestehen würde.

d) Unbeschadet der Beendigung des vorliegenden Rahmenliefervertrags – gleich aus welchen Gründen – haben die Vertragspartner eventuell noch nicht vollständig abgewickelte Einzelbestellungen/Abrufe noch zu den Bestimmungen des vorliegenden Rahmenliefervertrags zu erfüllen.

e) Jede Kündigung bedarf der Schriftform.

2.2.14 Erfüllungsort/Gerichtsstand

a) Erfüllungsort für die Lieferung ist die von Auftraggeber in der jeweiligen Einzelbestellung genannte Empfangsstelle.

Anmerkung: Hier sind insbesondere auch die entsprechenden vertraglichen Festlegungen gemäß der Ziffern 2.2.6 b) und 2.2.6 c) zu berücksichtigen.

b) Für alle Streitigkeiten aus oder im Zusammenhang mit diesem Vertrag wird die Zuständigkeit des für den Sitz von Auftraggeber zuständigen Gerichts vereinbart. Auftraggeber ist jedoch auch berechtigt, den Lieferanten am Sitz der in der jeweiligen Einzelbestellung genannten Empfangsstelle gerichtlich in Anspruch zu nehmen.

Anmerkung: Alternativ zu den hier vorgesehenen Gerichtsständen könnten sich die Vertragspartner auch auf einen „neutralen" Gerichtsstand verständigen, der z. B. räumlich betrachtet für beide Vertragspartner einen in etwa vergleichbaren Anreiseweg erfordert.

Alternativ zu den staatlichen Gerichten könnten sich die Vertragspartner auch auf die Vereinbarung einer Schiedsgerichtsklausel verständigen. Eine solche hat Vor- und Nachteile, die es im Einzelfall abzuwägen gilt.

c) Für den vorliegenden Rahmenliefervertrag sowie die zugrundeliegenden Einzelbestellungen gilt das Recht der Bundesrepublik Deutschland mit Ausnahme des UN-Kaufrechts.

Anmerkung: Gerade im Falle von grenzüberschreitenden Rahmenlieferverträgen ist es wichtig, sich auf eine Rechtswahl zu verständigen. Die Vertragspartner können sich diesbezüglich auch auf ein „neutrales" Recht verständigen, mit dem keine der beiden Vertragspartner irgendeinen Berührungspunkt hat.

Der Ausschluss des UN-Kaufrechts bedarf einer Einzelfallbeurteilung. Gerade bei Verträgen mit Vertragspartnern, die ihren Sitz im außereuropäischen Raum haben, können auch Verträge auf der Grundlage des UN-Kaufrechts vorteilhaft sein.

2.2.15 Allgemeine Geschäftsbedingungen

a) Für diesen Rahmenliefervertrag gelten ergänzend die Allgemeinen Einkaufsbedingungen des Auftraggebers, die als Anlage 6 beigefügt sind.

Anmerkung: Aus Sicht des Auftraggebers können seine eigenen Allgemeinen Einkaufsbedingungen als ergänzende Vertragsgrundlage vereinbart werden, soweit der vorliegende Rahmenliefervertrag keine diesbezüglich vorrangige Regelung beinhaltet. Häufig verzichten allerdings beim Abschluss eines Rahmenliefervertrags beide Vertragspartner auf die Einbeziehung der beiderseitigen Allgemeinen Geschäftsbedingungen. In diesem Fall könnte alternativ auch Ziff. 2.2.15 a) wie folgt lauten:

„Weder für den vorliegenden Rahmenliefervertrag, noch für die hieraus erteilenden Einzelbestellungen gelten die jeweiligen Allgemeinen Geschäftsbedingungen beider Vertragspartner. Beide Vertragspartner werden stets in den jeweiligen Vertragsdokumenten auf die Anwendbarkeit des vorliegenden Rahmenliefervertrages hinweisen."

2.2.16 Vertragsänderungen, Vertragsbestandteile, Mitteilungen

a) Nebenabreden zu diesem Rahmenliefervertrag bestehen nicht. Änderungen und Ergänzungen dieses Rahmenliefervertrags bedürfen der Schriftform; dies gilt auch für die Änderung dieses Schriftformerfordernisses.

b) Beide Vertragspartner benennen schriftlich oder in Textform gegenüber dem jeweils anderen Vertragspartner die für den Rahmenliefervertrag sowie für die jeweiligen Einzelbestellungen bestimmten Ansprechpartner mit den notwendigen Kommunikationsdaten.

c) Nachfolgend genannte Anlagen sind diesem Rahmenliefervertrag beigefügt und gelten als wesentliche Bestandteile dieses Rahmenliefervertrags:

Anlage 1: Auflistung der Vertragsprodukte

Anlage 2: Preisübersicht

Anlage 3: Standard-Lieferfristen

Anlage 4: Geheimhaltungsvereinbarung (vgl. Anmerkung Ziff. 2.2.10 a))

Anlage 5: Qualitätssicherungsvereinbarung

Anlage 6: Allgemeine Einkaufsbedingungen des Auftraggebers

2.2.17 Salvatorische Klausel

Sind einzelne der vorstehenden Ziffern oder Teile dieser Ziffern nichtig, so bleibt der Rahmenliefervertrag im Übrigen wirksam, und an die Stelle der unwirksamen Regelung tritt entweder die gesetzliche Vorschrift oder, bei Fehlen einer solchen Vorschrift, eine solche Regelung, die die Vertragspartner nach Treu und Glauben zulässigerweise getroffen hätten, wenn Ihnen die Nichtigkeit bekannt gewesen wäre.

_____ *, den* _____   _____ *, den* _____

_____   _____

Auftraggeber   Kunde

3. Zusammenfassung

Jeder Rahmenvertrag ist anders und individuell gestaltet. Daher können die im Buch dargelegten Anmerkungen und Empfehlungen sowie Vertragsklauseln nur einen roten Faden bei der Erstellung eines individuellen Rahmenvertrages darstellen. Dies insbesondere auch vor dem Hintergrund, dass der Rahmenvertrag an sich gesetzlich nicht geregelt ist, wie bereits unter obiger Ziffer 2.1 erläutert. Dies erfordert eine einzelfallbezogene detaillierte Auseinandersetzung mit den jeweils zu regelnden Einzelpunkten. Das vorliegende Vertragsmuster ersetzt auch keine Rechtsberatung, zumal auch stets Änderungen bzw. Neuerungen in Gesetzgebung und Rechtsprechung zu berücksichtigen sind. Gleichwohl stellt das Vertragsmuster eine praxisbezogene Grundlage dar. Vor diesem Hintergrund dient das vorliegende Muster eines Rahmenvertrages auch als Checkliste für die Vertragspartner, damit die wichtigen Regelungspunkte im Vertragstext sowie während der Vertragsverhandlungen angemessen berücksichtigt werden können. Die Anforderungen an das Kaufteil sind vielfältig und nicht standardisiert. Jeder Lieferant ist anders zu betrachten und hat unterschiedliche Voraussetzungen. Dies alles spiegelt sich im Rahmenvertrag wider. Ein wesentlicher Punkt wird auch sein, wie kann ich meine Punkte umsetzen, welche Einkaufs- und Verhandlungsmacht besitze ich? Wie weit ist der Lieferant bereit den Weg mit uns zu gehen, oder winkt er bereits bei der ersten Herausforderung ab. Daher ist gerade der Rahmenvertrag und dessen Gestaltung ein hervorragendes Beispiel einer professionellen und erfolgreichen Einkaufspolitik. Der Rahmenvertrag ist eine tragende Säule des modernen Lieferantenmanagements.

4. Anlagen

In den Anlagen finden Sie eine Zusammenstellung der im Buch erwähnten Dokumente.

Im Einzelnen liegen diesem Buch folgende Anlagen bei:

– Rahmenvertrag (ohne Anmerkungen),

– Anlage 1: Auflistung der Vertragsprodukte,

– Anlage 2: Preisübersicht,

– Anlage 3: Standard-Lieferfristen,

– Anlage 4: Geheimhaltungsvereinbarung,

– Anlage 5: Qualitätssicherungsvereinbarung,

– Anlage 6: Allgemeine Einkaufsbedingungen des Auftraggebers.

Anlage: Rahmenvertrag (ohne Anmerkungen)

Zwischen

Firma … (genaue Bezeichnung mit Rechtsform) …

– nachfolgend „Auftraggeber" genannt –

und

Firma … (genaue Bezeichnung mit Rechtsform) …

– nachfolgend „Lieferant" genannt –

1. Präambel

Der Auftraggeber entwickelt, produziert und vertreibt weltweit unter anderem … (beispielhafte Auflistung der Tätigkeitsfelder) …

Der Lieferant vertreibt Vertragsproduktionsmaterialien auf dem Gebiet … (beispielhafte Auflistung der Tätigkeitsfelder) …

Der Auftraggeber beabsichtigt, Vertragsprodukte vom Lieferanten zu beziehen, die dieser entweder selbst herstellt oder als Händler von Dritten erwirbt. Der Lieferant beabsichtigt gleichfalls, den Auftraggeber langfristig mit seinen Vertragsprodukten zu beliefern.

Grundlage für die Lieferungen dieser Vertragsprodukte vom Lieferanten an Auftraggeber (nachfolgend alleine oder auch gemeinsam „Vertragspartner" genannt) ist dieser Rahmenliefervertrag, der die angestrebte langfristige Zusammenarbeit zwischen den Vertragspartnern umfassend regelt. Dabei beabsichtigen die Vertragspartner, ihre Vertrags- und Lieferbeziehungen auf der Grundlage des vorliegenden Rahmenliefervertrages in dem praktischen Ablauf möglichst einheitlich und einfach zu gestalten, um auch die technischen, vertragsrechtlichen und kaufmännischen Anforderungen der langfristigen Zusammenarbeit übersichtlich und einfach zu gestalten.

Dies vorausgeschickt schließen die Vertragspartner folgenden Rahmenliefervertrag:

2. Vertragsgegenstand

Der Lieferant verpflichtet sich, die vom Auftraggeber auf der Grundlage des vorliegenden Rahmenliefervertrages beauftragten Kaufgegenstände (nachfolgend „Vertragsprodukt" genannt) an den Auftraggeber zu beliefern. Bei den Vertragsprodukten handelt es sich insbesondere um die in Anlage 1 im Einzelnen aufgelisteten und bezeichneten Vertragsprodukte des Lieferanten. Diese Liste der Vertragsprodukte kann einvernehmlich von beiden Vertragspartnern jederzeit durch schriftliche Ergänzung um weitere Vertragsprodukte erweitert und/oder um darin enthaltene Vertragsprodukte reduziert oder modifiziert werden.

Der Lieferant wird außerdem verantwortlich alle im Zusammenhang mit dem Vertragsprodukt eventuell erforderlichen Prüfungen und Zertifizierungen durchführen.

Der Lieferant ist insbesondere auch zur Einhaltung der für die Vertragsprodukte maßgeblichen Normen, Gesetze und Rechtsvorschriften, insbesondere auch die anwendbaren Umweltschutz-, Gefahrstoff-, Gefahrgut- und Unfallverhütungsvorschriften, verpflichtet. Darüber hinaus sind für den Lieferanten alle einschlägigen nationalen und internationalen Vorschriften bezüglich deklarationspflichtiger Stoffe bindend und vom Lieferanten einzuhalten (zum Beispiel insbesondere REACH, RoHS, die Richtlinien über die Beschränkungen des Inverkehrbringens und der Verwendung gewisser gefährlicher Stoffe und Zubereitungen).

3. Erteilung von Einzelbestellungen/Abrufen

a) Der Auftraggeber erteilt unter ausdrücklicher Bezugnahme auf den vorliegenden Rahmenliefervertrag beim Lieferanten Einzelbestellungen/Abrufe über das Vertragsprodukt. Ab dem Zeitpunkt des Zugangs der Einzelbestellungen/Abrufe (maßgeblich für den Zugangsnachweis für die Vertragspartner ist die E-Mail-Empfangsbestätigung) ist der Lieferant zur entsprechenden Erfüllung der Einzelbestellung/Abruf automatisch verpflichtet. Im Falle von Abweichungen in den Einzelbestellungen/Abrufen seitens des Auftraggebers zu den Bestimmungen der rahmenvertraglichen Vereinbarung ist der Lieferant ausdrücklich verpflichtet, sowohl den Empfang als auch die Ausführung der Einzelbestellung/Abruf durch Rücksendung der der Einzelbestellungen beigefügten Zweitschrift innerhalb von ... Werktagen (per E-Mail an ...... oder vorab per Telefax an Fax-Nummer ...) verbindlich durch rechtsverbindliche Unterzeichnung mit Firmenstempel und Datumsangabe zu bestätigen.

b) Auch wenn der Auftraggeber ohne ausdrückliche Bezugnahme auf den vorliegenden Rahmenliefervertrag beim Lieferanten Einzelbestellungen/Abrufe über das Vertragsprodukt tätigt, finden die Bestimmungen des vorliegenden Rahmenliefervertrages Anwendung. Sollen jedoch in einem solchen Einzelfall die Bestimmungen des vorliegenden Rahmenliefervertrages ganz oder teilweise keine Anwendung finden, verpflichtet sich der Auftraggeber, dies ausdrücklich unter Benennung der Abweichung von dem vorliegenden Rahmenliefervertrag in seiner Einzelbestellung/Abruf schriftlich zu dokumentieren; von dieser schriftlichen Hinweisverpflichtung kann der Auftraggeber auch nur durch schriftliche Vereinbarung mit dem Lieferanten abweichen. Die gleichen Bestimmungen dieser Ziff. 3. b) finden Anwendung auf eventuelle von Ziff. 3. a) abweichende eigene Auftragsbestätigungen des Lieferanten.

Der Lieferant hat keinen Rechtsanspruch auf Erhalt einer bestimmten Anzahl von Einzelbestellungen/Abrufe.

4. Vergütung und Zahlung

a) Bei dem Preis für das jeweils bestellte Vertragsprodukt handelt es sich stets um einen Festpreis. Bei diesem Preis handelt es sich um einen Endpreis. Darin enthalten sind insbesondere auch alle Lohn-, Material-, Montage- und sonstigen Nebenkosten, insbesondere auch öffentliche Abgaben, Gebühren und Zölle.

b) Der gemäß vorstehender Ziffer 4. a) ermittelte Festpreis versteht sich frei Haus … (Anschrift) … Auftraggeber.

c) Soll gemäß den Bestimmungen der jeweiligen Einzelbestellung/Abruf das Vertragsprodukt an einen anderen Bestimmungsort geliefert werden, hat der Lieferant das Vertragsprodukt auf eigene Gefahr an diesen Bestimmungsort zu liefern. Versandart und Versandweg hat der Lieferant mit Auftraggeber zuvor abzustimmen.

d) Falls anwendbar, verstehen sich alle Preise jeweils zuzüglich gesetzlicher Mehrwertsteuer.

e) Nach erfolgter Lieferung sowie nach Erhalt der entsprechenden Rechnung ist der Rechnungsbetrag innerhalb von … Wochen zur Zahlung fällig. Jede Rechnung ist in …-facher Ausfertigung an Auftraggeber zu übermitteln und muss insbesondere zwingend die vom Auftraggeber auf der Einzelbestellung/Abruf angegebene Bestellnummer sowie das Bestelldatum und auch die sonstigen gesetzlichen Mindestinhalte einer ordnungsgemäßen Rechnung beinhalten.

f) Die Festpreise für die einzelnen Vertragsprodukte ergeben sich aus der Preisübersicht gem. Anlage 2. Diese Preisübersicht hat stets eine Gültigkeitszeit von 12 Monaten, erstmals jedoch bis zum … (Tag/Monat/Jahr) … Bei allen innerhalb der jeweiligen Preisbindungsperiode bei dem Lieferanten zugehenden Einzelbestellungen/Abrufe hinsichtlich der Vertragsprodukte durch den Auftraggeber sind diese Preise gem. Anlage 2 jeweils zugrunde zu legen, unabhängig davon, welche Lieferzeiten bei den jeweiligen Vertragsprodukten zugrundegelegt werden. Bei den für die jeweiligen Folgejahre nach Ablauf der jeweiligen Preisbindungsperiode von den Vertragspartnern eventuell neu festgelegten Preisen handelt es sich wiederum stets um Festpreise für das jeweilige laufende Folgejahr.

g) Die gemäß vorstehender Ziffer 4. f) benannten Preise für die jeweiligen Vertragsprodukte gem. Anlage 2 können von beiden Vertragspartnern jeweils stets innerhalb des letzten Monats vor dem jeweiligen Ende der Preisbindungsperiode überprüft und für das sich anschließende Folgejahr gegebenenfalls neu festgelegt werden.

h) Der Lieferant ist auf Anforderung des Auftraggebers verpflichtet, den Auftraggeber über die mit den jeweiligen Vorlieferanten getroffenen Preisabsprachen unverzüglich zu informieren. Sollten die jeweiligen Vorlieferanten vom Lieferanten Preise beanspruchen, so dass der jeweils zwischen den Vertragspartnern bereits vereinbarte Einzelpreis erhöht werden müsste, ist der Lieferant vor jeweiliger verbindlichen Beauftragung des Vorlieferanten zur vorherigen rechtzeitigen Mitteilung des Auftraggebers unter gleichzeitiger Angabe der Preisangebote der Vorlieferanten verpflichtet. Diese Mitteilungs- bzw. Offenlegungsverpflichtung entbindet jedoch den Lieferanten in keiner Weise von seiner alleinigen Gesamtverantwortung für das Vertragsprodukt und zur Einhaltung des im jeweils laufenden Preisbindungsjahr festgelegten Preises.

5. Schutzrechte

a) Der Lieferant ist verpflichtet, an den Auftraggeber Vertragsprodukte zu liefern, die nicht gegen gewerbliche Schutzrechte Dritter verstoßen.

b) Sollte der Auftraggeber von einem entsprechend berechtigten Dritten wegen eines Verstoßes gegen gewerbliche Schutzrechte in Anspruch genommen werden, so ist der Lieferant dazu verpflichtet, den Auftraggeber von diesen Ansprüchen freizustellen. Sollte der Dritte Schadensersatzansprüche gegenüber dem Auftraggeber geltend machen, so ist der Lieferant berechtigt, den Nachweis zu führen, dass er die Verletzung dieser gewerblichen Schutzrechte Dritter nicht zu vertreten hat.

c) Die Verpflichtung des Lieferanten zur Freistellung des Auftraggebers im Falle von Ansprüchen Dritter bezieht sich auf alle erforderlichen und nachgewiesenen Aufwendungen, die dem Auftraggeber im Zusammenhang mit einer entsprechenden Inanspruchnahme durch den Dritten notwendigerweise entstehen.

d) Die Verjährungsfrist für derartige Ansprüche bei einem Verstoß gegen gewerbliche Schutzrechte Dritter sowie gegen sonstige Rechte Dritter beträgt drei Jahre ab dem Zeitpunkt des jeweiligen Gefahrenübergangs.

6. Liefertermin

a) Dem Lieferanten ist bekannt, dass die strikte Einhaltung der den jeweiligen Einzelbestellungen/Abrufe zugrundeliegenden Liefertermine eine wesentliche Vertragspflicht darstellt.

b) Falls in der jeweiligen Einzelbestellung/Abruf nichts Abweichendes angegeben, ergibt sich die jeweilige Standard-Lieferfrist für die Vertragsprodukte aus der als Anlage 3 beigefügten Übersicht. Der sich unter Berücksichtigung dieser Standard-Lieferfrist ergebende entsprechende Spätest-Liefertermin wird vom Auftraggeber in der jeweiligen Einzelbestellung kalendermäßig genau mitgeteilt.

c) Bei einem von der Standard-Lieferzeit abweichenden kürzeren Liefertermin ist der Lieferant berechtigt, binnen einer Frist von … Werktagen hiergegen schriftlich oder in Textform zu widersprechen. Erfolgt kein rechtzeitiger Widerspruch, gilt dieser Liefertermin vom Lieferanten akzeptiert. Auf diese Folge wird Auftraggeber bei seiner Einzelbestellung/Abruf nochmals gesondert hinweisen. Bei Nichteinhaltung dieses mitgeteilten und nicht widersprochenen Liefertermins kommt der Lieferant in Verzug, ohne dass seitens Auftraggeber noch eine In-Verzug-Setzung erforderlich ist.

d) Der Lieferant ist verpflichtet, den Auftraggeber umgehend (sowie vorab telefonisch) schriftlich oder in Textform von etwa auftretenden Lieferschwierigkeiten zu unterrichten. Etwaige Ansprüche des Auftraggebers wegen Lieferverzuges bleiben hiervon unberührt.

e) Überschreitet der Lieferant den Liefertermin, so ist der Auftraggeber berechtigt, eine Vertragsstrafe zu verlangen. Diese beträgt pro Kalendertag des Verzuges 0,25 %, insgesamt aber höchstens 5 % des Gesamtnettovergütungsbetrages der betroffenen Einzelbestellung/Abrufs. Der Auftraggeber ist berechtigt, diese Vertragsstrafe bis zur Endabrechnung geltend zu machen, auch wenn der Auftraggeber sich das Recht dazu bei der Annahme der verspäteten Lieferung nicht ausdrücklich vorbehält.

f) Maßgeblich für die Einhaltung des Liefertermins ist die vollständige und ordnungsgemäße Lieferung zu diesem Zeitpunkt. Dem Lieferanten ist bekannt, dass hierzu auch eventuelle zuvor vereinbarte Dokumente (zum Beispiel Betriebshandbücher, Zertifikate, Stromleitpläne, Vertragsprodukt-Komponentenlisten, etc.) sowie alle sonstigen Unterlagen, die zum Vertragsprodukt gehören, zählen.

g) Der Lieferant ist verpflichtet, die vom Auftraggeber in den Einzelbestellungen bestellten Vertragsprodukte gemäß … (Liefervorschrift eintragen) … Incoterms 2020 zu liefern.

7. Sonstige Verpflichtungen des Lieferanten

a) Der Lieferant ist nur nach vorheriger schriftlicher Zustimmung seitens des Auftraggebers zur Erteilung von Unteraufträgen berechtigt. Im Falle des Zukaufs
von Komponenten, Teilen oder sonstiger Produkte bei Dritten für die Vertragsprodukte, ist der Lieferant im Vorfeld zur Auskunft über diesen Vorlieferanten
verpflichtet. Bei Vorliegen eines wichtigen Grundes ist der Auftraggeber berechtigt, dem Lieferanten den Zukauf der Komponenten, Teile oder Produkte
bei dem mitgeteilten Vorlieferanten zu untersagen.

b) Der Lieferant ist verpflichtet, auch die vom Auftraggeber für die jeweiligen
Einzelkomponenten eventuell benannten Vorlieferanten mit der Vorlieferung
zu beauftragen. Ausnahmen bedürfen der vorherigen schriftlichen Zustimmung
seitens des Auftraggebers; der Auftraggeber wird eine solche Zustimmung bei
Vorliegen eines wichtigen Grundes erteilen. Diese Vorgabeverpflichtung hinsichtlich der Vorlieferanten seitens des Auftraggebers entbindet jedoch den
Lieferanten in keiner Weise von seiner alleinigen Gesamtverantwortung für das
Vertragsprodukt; auch übernimmt der Auftraggeber hierdurch keinerlei Mitverantwortung.

c) Der Lieferant ist verpflichtet, den Auftraggeber umgehend (vorab telefonisch)
schriftlich oder in Textform von etwa auftretenden Beschaffungsschwierigkeiten
bei seinen Vorlieferanten und/oder Nachunternehmer zu unterrichten. Etwaige
Ansprüche des Auftraggebers bleiben hiervon unberührt; es verbleibt stets bei
der Gesamtverantwortung des Lieferanten für das Vertragsprodukt.

d) Der Lieferant ist verpflichtet, sowohl zur absoluten Sicherstellung der vereinbarten Liefertermine, als auch zur ordnungsgemäßen Erfüllung eventueller Nacherfüllungsansprüche, eine angemessene regelmäßige Bevorratung der Vertragsprodukte sowie den wesentlichen Ersatzteilen zu unterhalten. Der Auftraggeber
wird dem Lieferanten hierzu den mengenmäßigen Umfang eines solchen Sicherheitslagers in regelmäßigen Zeitabständen schriftlich oder in Textform mitteilen.
Der Lieferant ist berechtigt, binnen einer Frist von … Werktagen gegen den
Umfang dieses Sicherheitslagers schriftlich oder in Textform zu widersprechen,
falls ein wichtiger und begründeter Grund vorliegt. Erfolgt kein Widerspruch,
gilt dieses Sicherheitslager als vom Lieferanten akzeptiert. Auf diese Folge wird
der Auftraggeber in seiner Mitteilung nochmals gesondert hinweisen.

e) Der Lieferant hat ein Aufrechnungs- und/oder Zurückbehaltungsrecht nur wegen
rechtkräftig festgestellter oder unbestrittener oder in einem rechtshängigen Verfahren entscheidungsreifen Gegenforderungen.

f) Der Lieferant ist nicht berechtigt, seine Forderungen aus dem Vertragsverhältnis
an Dritte abzutreten. Dies gilt nicht, soweit es sich um Geldforderungen handelt.

g) Der Lieferant ist verpflichtet, auch nach Ablauf der jeweiligen Verjährungsfristen
für Sachmängelansprüche, an den sich bei den Endkunden befindlichen Vertrags-

produkten auf Anforderung des Auftraggebers eventuell notwendige Instandhaltungsarbeiten durchzuführen. Diese Arbeiten werden stets einzelfallbezogen gesondert beauftragt und vergütet, sodass die Vertragspartner diesbezüglich grundsätzlich eine individuelle projektspezifische Preisvereinbarung zu treffen haben. Der Lieferant wird solche Instandhaltungsarbeiten zu wirtschaftlich angemessenen und vertretbaren Konditionen für den Auftraggeber durchführen.

h) Dem Lieferanten ist es unter keinen Umständen gestattet, während der Laufzeit des Rahmenliefervertrages Änderungen an dem Vertragsprodukt ohne vorherige ausdrückliche schriftliche Freigabe seitens des Auftraggebers vorzunehmen.

i) Der Lieferant ist verpflichtet, einzelfallbezogene Wünsche seitens des Auftraggebers bzw. des jeweiligen Endkunden hinsichtlich des Vertragsproduktes zu berücksichtigen, soweit dies für den Lieferanten zumutbar ist; sollten solche Wünsche Auswirkungen auf Kosten und/oder Lieferzeiten haben, ist der Lieferant dazu verpflichtet, den Auftraggeber hierüber schriftlich oder in Textform innerhalb von … Werktagen zu informieren; in diesem Fall werden sich die Vertragspartner einvernehmlich über eine entsprechende schriftliche Nachtragsvereinbarung zu diesem Rahmenliefervertrag verständigen. Erfolgt keine entsprechende Mitteilung, verbleibt es bei den ursprünglich zugrunde gelegten Preisen.

j) Der Auftraggeber hat das jederzeitige Recht, während der üblichen Geschäftszeiten, in der Betriebsstätte des Lieferanten den Fortgang der Arbeiten zu beobachten und sich über den Stand der Arbeiten zu informieren.

k) Der Lieferant ist verpflichtet, den Auftraggeber mit Ersatzteilen zu den Vertragsprodukten über einen Zeitraum von … Jahren nach Beendigung des vorliegenden Rahmenliefervertrages zu marktgerechten Bedingungen zu beliefern.

l) Beabsichtigt der Lieferant, nach Beendigung des vorliegenden Rahmenliefervertrtrages die Herstellung der Vertragsprodukte bzw. nach Ablauf der unter Ziff. 7. k) genannten Frist von Ersatzteilen für die an den Auftraggeber gelieferten Vertragsprodukte einzustellen, wird er dies dem Auftraggeber unverzüglich nach der Entscheidung über die Einstellung schriftlich oder in Textform mitteilen. Diese Entscheidung muss mindestens sechs Monate vor der Einstellung der Herstellung der Vertragsprodukte liegen. Innerhalb der vorgenannten Sechsmonatsfrist ist der Auftraggeber berechtigt, bei dem Lieferanten noch eine Bestellung der Vertragsprodukte zu marktgerechten Bedingungen tätigen zu können; in diesem Fall ist der Lieferant dazu verpflichtet, den Auftraggeber entsprechend zeitgerecht und unter entsprechender Anwendung der Bestimmungen des vorliegenden Rahmenliefervertrages zu beliefern.

8. Geheimhaltungsverpflichtung

a) Der Lieferant verpflichtet sich, Geschäfts- und Betriebsgeheimnisse (nachfolgend „Vertrauliche Informationen" genannt), die ihm während der Laufzeit dieses Rahmenliefervertrages sowie davor von dem Auftraggeber zugänglich gemacht wurden oder werden oder die ihm im Zusammenhang mit der Geschäftsbeziehung bekannt geworden sind, streng geheim zu halten und keinem Dritten zugänglich zu machen. Zur Erfüllung dieser Geheimhaltungsverpflichtung hat der Lieferant alle erforderlichen und zumutbaren Maßnahmen zu ergreifen.

b) Die „Vertraulichen Informationen" sind im Übrigen vom Lieferanten nur denjenigen Mitarbeitern zugänglich zu machen, die diese vertraulichen Informationen im Hinblick auf die Erfüllung des vorliegenden Rahmenliefervertrages benötigen. Auch diese Mitarbeiter sind vom Lieferanten gemäß den Regelungen dieser Ziff. 8 schriftlich zu verpflichten. Auf Anforderung des Auftraggebers hat der Lieferant unverzüglich Auskunft über die mit diesen Mitarbeitern getroffenen Geheimhaltungsregelungen zu erteilen und auch Kopien entsprechender Geheimhaltungsdokumente auszuhändigen.

c) Die Geheimhaltungsverpflichtung entfällt, soweit die vertraulichen Informationen dem Lieferanten bereits bekannt waren oder der Öffentlichkeit bereits bekannt oder allgemein zugänglich waren oder im Nachhinein ohne Verschulden des Lieferanten ihm oder der Öffentlichkeit bekannt oder zugänglich gemacht wurden; nachweispflichtig ist der Lieferant.

d) Die Geheimhaltungsverpflichtung gemäß dieser Ziff. 8 gilt auch noch über einen Zeitraum von … Jahren ab Beendigung dieses Rahmenliefervertrages.

e) An Unterlagen, die der Auftraggeber dem Lieferanten übergeben hat (einschließlich Zeichnungen, Abbildungen, etc.) – gleich auf welchem Datenträger sich diese befinden – behält sich Auftraggeber die Eigentumsrechte vor; gleiches gilt auch für die Urheberrechte des Auftraggebers, sofern die Inhalte dieser Unterlagen urheberrechtsfähig sind. Diese Unterlagen dürfen vom Lieferanten ohne vorherige ausdrückliche schriftliche Zustimmung des Auftraggebers nicht an Dritte weitergegeben bzw. in sonstiger Art und Weise zugänglich gemacht werden. Diese vertraulichen Informationen dürfen vom Lieferanten ausschließlich für die Zwecke gemäß dem vorliegenden Rahmenliefervertrag sowie im Rahmen der zugrundeliegenden Einzelbestellungen verwendet werden. Diese vertraulichen Informationen sind an dem Auftraggeber auf dessen schriftliche oder per Textform erfolgte Anforderung, jedoch spätestens innerhalb von fünf Wochen nach Abwicklung des vorliegenden Rahmenliefervertrages sowie der eventuell noch laufenden Einzelbestellungen unaufgefordert zurückzugeben. Alternativ kann der Auftraggeber vom Lieferanten verlangen, dass dieser diese vertraulichen Informationen vernichtet oder löscht. Der Lieferant hat in diesem Fall dem Auftraggeber eine schriftliche Erklärung über die vollständige Durchführung der Vernichtung und/oder Löschung zu übergeben. Von der Verpflichtung zur Löschung ausgenommen sind routinemäßig angefertigte Sicherungs-Back-up-Kopien des elektronischen Datenverkehrs. Dem Lieferanten steht an diesen Unterlagen kein Zurückbehaltungsrecht zu.

9. Mängelhaftung

a) Der Lieferant gewährleistet, dass die jeweiligen gemäß Einzelbestellung/Abruf gelieferten Vertragsprodukte den jeweiligen zugrunde liegenden Vorgaben, Spezifikationen, Zeichnungen, etc. entsprechen.

b) Dem Auftraggeber stehen die gesetzlichen Mängelansprüche uneingeschränkt zu. Der Auftraggeber ist in jedem Fall berechtigt, nach seiner Wahl vom Lieferanten Nachbesserung oder Neulieferung zu verlangen. Auch das Recht auf Schadensersatz, vor allen Dingen das auf Schadensersatz statt der Lieferung, bleibt ausdrücklich vorbehalten.

c) Im Falle einer mangelhaften Lieferung von Vertragsprodukten hat der Lieferant die zum Zwecke der Nacherfüllung erforderlichen Aufwendungen, insbesondere Transport-, Wege-, Arbeits- und Materialkosten zu tragen.

d) Zu den unter Ziffer 9 c) zu tragenden Kosten der Nacherfüllung hat der Lieferant ebenfalls die vom Auftraggeber nachgewiesenen zusätzlichen Aus- und Einbaukosten sowie eventuelle Sortierkosten und die Kosten für eine den üblichen Umfang übersteigende Eingangskontrolle zu übernehmen.

e) Ist die sofortige Behebung eines Sachmangels zur Abwendung größerer Nachteile, insbesondere beispielsweise auch zur Abwendung oder Reduzierung von größeren Schadensersatzansprüchen notwendig, so ist der Auftraggeber nach entsprechender vorheriger Information des Lieferanten berechtigt, den Sachmangel auf Kosten des Lieferanten selbst zu beseitigen oder durch Dritte beseitigen zu lassen.

f) Falls im Einzelfall zwischen den Vertragspartnern nichts Abweichendes schriftlich oder in Textform vereinbart, handelt es sich bei dem Bestimmungsort gemäß obiger Ziffer 4. c) um den für den Lieferanten vertraglich maßgeblichen Ort der Nacherfüllung. Jede Nacherfüllung hat an diesem Ort seitens des Lieferanten auf seine Kosten stattzufinden, unbeschadet irgendwelcher Grundsätze der Angemessenheit oder Verhältnismäßigkeit, es sei denn, die Vertragspartner verständigen sich im Einzelfall auf eine andere Vorgehensweise. In diesem Zusammenhang bestätigt der Lieferant ausdrücklich, dass ein endkundenorientiertes Arbeiten insbesondere im Zusammenhang mit eventuellen Nacherfüllungshandlungen absoluter Vorrang genießt.

g) Die Verjährungsfrist für Sachmängelansprüche beträgt drei Jahre und beginnt hinsichtlich der Vertragsprodukte ab dem Zeitpunkt des Gefahrenübergangs an den Auftraggeber.

h) Im Hinblick auf die von dem Auftraggeber zu erfüllenden Mängeluntersuchungs- und Mängelrügepflichten gelten die besonderen Bestimmungen der zwischen den Vertragspartnern bestehenden Qualitätssicherungsvereinbarung vom ... (Tag/Monat/Jahr) ..., welche als *Anlage 5* beigefügt ist.

i) Vom Lieferanten ersetzte mangelhafte Teile sind nach Freigabe des Auftraggebers, an den Lieferanten auf Gefahr und Kosten des Lieferanten zurückzuliefern, falls im Einzelfall zwischen den Vertragspartnern nichts Abweichendes abgestimmt wird.

10. Produkthaftung und Versicherung

a) Soweit der Lieferant für einen Schaden an dem Vertragsprodukt verantwortlich ist, hat er den Auftraggeber von entsprechenden potentiellen Schadensersatzansprüchen Dritter freizustellen. Dies gilt dann, falls die Ursache des Schadens in seinem Verantwortungsbereich liegt und er auch selbst im Außenverhältnis gegenüber einem betroffenen bzw. geschädigten Dritten selbst haften würde.

b) Der Lieferant ist außerdem im Zusammenhang mit seiner Haftung gemäß vorstehender Ziffer 10. a) dazu verpflichtet, ebenfalls gegenüber dem Auftraggeber eventuelle Kosten, die aus oder im Zusammenhang mit einer wegen produkthaftungsrechtlicher Fehler gem. Ziff. 10. a) durchzuführenden Rückrufaktion entstehen, zu übernehmen. Vor Einleitung einer entsprechenden Rückrufaktion versucht der Auftraggeber den Lieferanten insoweit zu informieren und eventuelle notwendig Schritte mit ihm abzustimmen, es sei denn, dass aufgrund einer dringenden Sachlage der Auftraggeber gehalten ist, unverzüglich aus Gründen der Schadensabwehr eine Rückrufaktion durchzuführen.

c) Der Lieferant ist dazu verpflichtet, eine Produkthaftpflichtversicherung mit einer angemessenen Deckungssumme abzuschließen bzw. zu unterhalten. Die Vertragspartner bewerten die Angemessenheit mit mindestens ... Mio. Euro pro Personenschaden/Sachschaden; dem Lieferanten ist bekannt, dass unbeschadet dessen weitergehende Ansprüche des Auftraggebers unberührt bleiben. Innerhalb von ... Werktagen ab dem Inkrafttreten des vorliegenden Rahmenliefervertrages hat der Lieferant eine entsprechende Versicherungsbestätigung über den Abschluss und die Aufrechterhaltung in dem genannten Deckungsumfang vorzulegen. Der Auftraggeber ist außerdem dazu berechtigt, jederzeit vom Lieferanten eine aktuelle Versicherungsbestätigung mit dem genannten Deckungsumfang vorzulegen.

11. Laufzeit dieses Vertrages

a) Der vorliegende Rahmenliefervertrag tritt mit Unterzeichnung durch beide Vertragspartner in Kraft.

b) Dieser Rahmenliefervertrag hat zunächst eine Laufzeit bis zum … (Tag/Monat/Jahr) … Wird er nicht von einem der beiden Vertragspartner unter jeweiliger Einhaltung einer Frist von … Monaten ordentlich zum jeweiligen Beendigungszeitpunkt gekündigt, so verlängert er sich jeweils bis zum Ende des darauffolgenden Kalenderjahres.

c) Unbeschadet der ordentlichen Kündigung gem. Ziffer 11. b) ist eine Kündigung dieses Rahmenliefervertrages aus wichtigem Grund für beide Vertragspartner jederzeit möglich. § 314 BGB findet Anwendung.

d) Unbeschadet der Beendigung des vorliegenden Rahmenliefervertrags – gleich aus welchen Gründen – haben die Vertragspartner eventuell noch nicht vollständig abgewickelte Einzelbestellungen/Abrufe noch zu den Bestimmungen des vorliegenden Rahmenliefervertrags zu erfüllen.

e) Jede Kündigung bedarf der Schriftform.

12. Erfüllungsort/Gerichtsstand

a) Erfüllungsort für die Lieferung ist die von Auftraggeber in der jeweiligen Einzelbestellung genannte Empfangsstelle.

b) Für alle Streitigkeiten aus oder im Zusammenhang mit diesem Vertrag wird die Zuständigkeit des für den Sitz von Auftraggeber zuständigen Gerichts vereinbart. Auftraggeber ist jedoch auch berechtigt, den Lieferanten am Sitz der in der jeweiligen Einzelbestellung genannten Empfangsstelle gerichtlich in Anspruch zu nehmen.

c) Für den vorliegenden Rahmenliefervertrag sowie die zugrundeliegenden Einzelbestellungen gilt das Recht der Bundesrepublik Deutschland mit Ausnahme des UN-Kaufrechts.

13. Allgemeine Geschäftsbedingungen

a) Für diesen Rahmenliefervertrag gelten ergänzend die Allgemeinen Einkaufsbedingungen des Auftraggebers, die als Anlage 6 beigefügt sind.

14. Vertragsänderungen, Vertragsbestandteile, Mitteilungen

a) Nebenabreden zu diesem Rahmenliefervertrag bestehen nicht. Änderungen und Ergänzungen dieses Rahmenliefervertrags bedürfen der Schriftform; dies gilt auch für die Änderung dieses Schriftformerfordernisses.

b) Beide Vertragspartner benennen schriftlich oder in Textform gegenüber dem jeweils anderen Vertragspartner die für den Rahmenliefervertrag sowie für die jeweiligen Einzelbestellungen bestimmten Ansprechpartner mit den notwendigen Kommunikationsdaten.

c) Nachfolgend genannte Anlagen sind diesem Rahmenliefervertrag beigefügt und gelten als wesentliche Bestandteile dieses Rahmenliefervertrags:

Anlage 1: Auflistung der Vertragsprodukte

Anlage 2: Preisübersicht

Anlage 3: Standard-Lieferfristen

Anlage 4: Geheimhaltungsvereinbarung

Anlage 5: Qualitätssicherungsvereinbarung

Anlage 6: Allgemeine Einkaufsbedingungen des Auftraggebers

15. Salvatorische Klausel

Sind einzelne der vorstehenden Ziffern oder Teile dieser Ziffern nichtig, so bleibt der Rahmenliefervertrag im Übrigen wirksam, und an die Stelle der unwirksamen Regelung tritt entweder die gesetzliche Vorschrift oder, bei Fehlen einer solchen Vorschrift, eine solche Regelung, die die Vertragspartner nach Treu und Glauben zulässigerweise getroffen hätten, wenn Ihnen die Nichtigkeit bekannt gewesen wäre.

_____ , den _____   _____ , den _____

_____   _____

Auftraggeber   Kunde

Anlage 1: Auflistung der Vertragsprodukte

Die Rahmenvereinbarung wird für mehrere Kaufteile bei einem Lieferanten abgeschlossen. Für welche Teile dieser Rahmenvertrag Geltung erlangt ist in dieser Tabelle festgehalten. Sie ist ein „lebendes" Dokument und wird der aktuellen Lage angepasst. Teile entfallen oder werden neu aufgenommen oder der Revisionsstandard ändert sich. All dies soll hier dokumentiert werden. Diese Anlage kann deshalb stets einvernehmlich ergänzt bzw. modifiziert werden, wobei aus Gründen der Nachweisbarkeit der Austausch dieser Anlage von beiden Vertragspartnern unter Angabe des jeweiligen Datums der Anwendbarkeit unterzeichnet werden sollte.

Artikelnummer	Rev. Stand	Bezeichnung	Zeichnungsnummer/Spezifikation
XYZ1234.110	A/01.01.20	Abdeckhaube	Dwg xyz1234.110A und EN4312

Anlage 2: Preisübersicht

Die Rahmenvereinbarung wird für mehrere Kaufteile bei einem Lieferanten abgeschlossen. Welche Preise für welche Teile vereinbart wurden und Gültigkeit haben ist in dieser Tabelle festgehalten. Sie ist ein „lebendes" Dokument und wird der aktuellen Lage angepasst. Teile entfallen oder werden neu aufgenommen oder die Preisbasis ändert sich. All dies soll hier dokumentiert werden. Diese Anlage kann deshalb stets einvernehmlich ergänzt bzw. modifiziert werden, wobei aus Gründen der Nachweisbarkeit der Austausch dieser Anlage von beiden Vertragspartnern unter Angabe des jeweiligen Datums der Anwendbarkeit unterzeichnet werden sollte.

Artikelnummer	Bezeichnung	Preis/Stück	Gültigkeit
XYZ1234.110	Abdeckhaube grün	12,39 €	31.12.21

Ferner werden hier Preiszusätze (z. B. Verpackung, Versand, Währung, Varianten etc.) festgelegt.

Anlage 3: Standard-Lieferfristen

Die Rahmenvereinbarung wird für mehrere Kaufteile bei einem Lieferanten abgeschlossen. Welche Lieferzeiten für welche Teile Gültigkeit haben ist in dieser Tabelle festgehalten. Sie ist ein „lebendes" Dokument und wird der aktuellen Lage angepasst. Teile entfallen oder werden neu aufgenommen oder die Lieferzeiten können sich ändern, all dies soll hier dokumentiert werden. Diese Anlage kann deshalb stets einvernehmlich ergänzt bzw. modifiziert werden, wobei aus Gründen der Nachweisbarkeit der Austausch dieser Anlage von beiden Vertragspartnern unter Angabe des jeweiligen Datums der Anwendbarkeit unterzeichnet werden sollte.

Artikelnummer	Bezeichnung	Lieferzeit
XYZ1234.110	Abdeckhaube grün	4 Wochen

Wichtig in dieser Auflistung sind die Definitionen, hier einige exemplarische Fragestellungen:

– Was ist unter Lieferzeit zu verstehen?

– Ist die Transportzeit in die Lieferzeit eingerechnet?

– Wann beginnt die Lieferzeit?

– Gilt dies nur für Bestellungen und Abrufe innerhalb bestimmter Mengen?

– Welche Lieferzeiten gelten, wenn diese Mengen überschritten werden?

Anlage 4: Geheimhaltungsvereinbarung

Siehe hierzu die Anmerkungen in Kapitel 2.2.10

Anlage 5: Qualitätssicherungsvereinbarung (QSV)

Mit der QSV wird der Lieferant zur Anwendung eines bestimmten Qualitätsmanagementsystems verpflichtet.

Die wesentlichen Inhalte einer QSV umfassen:

– Verantwortlichkeiten, Kommunikationswege und Kontaktpersonen,

– Vereinbartes Qualitätsmanagementsystem,

– Vereinbarte Dokumente und Spezifikationen,

– Abnahmen und Prüfungen,

– Audits,

– Konsequenzen bei Nichteinhaltung der vereinbarten Punkte.

Die QSV ist individuell und sollte auf das Produkt und dem Herstellprozess beim Lieferanten zugeschnitten sein, keine Standardvereinbarung nach dem Motto: „One-fits-all".

Eine der wesentlichen Funktionen einer QSV besteht unter anderem darin, im Falle von Qualitätsproblemen beim Lieferanten Audits durchzuführen und Zugang zur Produktion zu erhalten.

Anlage 6: Allgemeine Einkaufsbedingungen
des Auftraggebers

Hier können die AGB's des Käufers angefügt werden. Sie gelten in der Regel nachrangig zu den im Rahmenvertrag vereinbarten Bedingungen. Eine Beifügung der Allgemeinen Einkaufsbedingungen ist zu empfehlen. Eventuell können auch die AGB's des Lieferanten hier mit aufgeführt werden. Dies ist abhängig vom Verhandlungsergebnis beider Parteien. Schließlich könnte alternativ auch in Betracht kommen, dass tatsächlich ausschließlich die Regelungspunkte des Rahmenvertrages gelten sollen, nicht jedoch irgendwelche weitergehende AGB's der Vertragspartner. In diesem Fall würden dann ergänzend die einschlägigen gesetzlichen Vorschriften gelten, die für den Auftraggeber grundsätzlich nicht nachteilig sind. Alternativ zu der im Vertragstext vorgesehenen Regelung könnte in diesem Fall klarstellend folgende Klausel zum Tragen kommen: „Für diesen Rahmenliefervertrag gelten keine sonstigen Allgemeinen Geschäftsbedingungen der Vertragspartner." In diesem Fall müsste auch unter obiger Ziffer 4 der Verweis auf „Anlage 6" ersatzlos gestrichen werden.

Anlage 7: Checkliste Rahmenvertrag

Nicht alle Produkte/Teile, Dienstleistungen und Lieferanten eignen sich für einen Rahmenvertrag (zu geringes Einkaufsvolumen, Teile die kurz vor dem „End-of-Life" stehen, Lieferant ist zu klein oder zu groß, um erfolgreiche Verhandlungen zu führen, Lieferant besitzt nicht die entsprechende Infrastruktur etc.). Daher erscheint es zunächst sinnvoll, eine Analyse des vorhandenen Einkaufsspektrums vorzunehmen und festzulegen bei welchen Lieferanten und für welche Teile und Dienstleistungen sich ein Rahmenvertrag anbietet.

Ziel der hier aufgeführten Fragen ist die Standortbestimmung des eigenen Unternehmens in Bezug auf Rahmenverträge. Die Beantwortung der Fragen soll dem Unternehmen und dem Einkäufer Hilfestellung bieten, das komplexe Thema Rahmenvertrag erfolgreich im eigenen Unternehmen umsetzen zu können.

1. Strategische Ausrichtung und Grundlagen

1. Wird im Unternehmen ein aktives Lieferantenmanagement betrieben?

2. Sind langfristige Lieferantenverträge Teil des Lieferantenmangements und werden diese von der Unternehmensausrichtung unterstützt?

3. Welche Lieferanten, Produkte/Artikel und Dienstleistungen bieten sich für einen Rahmenvertrag an?

4. Wird der Rahmenvertrag als strategisches Instrument betrachtet oder wurde er bisher „nur" als reiner Liefer- und Abrufvertrag betrachtet?

5. Was wollen wir mit den Rahmenverträgen erreichen (Prozesse neu gestalten, Logistikunterstützung, bessere Preiskonditionen, Einführung neuer Kommunikationsformen wie z.B. EDI, langfristige Absicherung der Materialverfügbarkeit und Preisgarantie etc.)?

6. Werden auch die anderen Bereiche im Unternehmen, wie Vertrieb, Produktion, Entwicklung oder Qualität, mit in dem Entscheidungsprozess einbezogen? Besteht Einigkeit bei welchen Lieferanten und Produkten der Abschluss eines Rahmenvertrags sinnvoll erscheint?

7. Können wir mit dem Rahmenvertrag auch Bedarfe bündeln (evtl. auch mit Tochterunternehmen)?

8. Sind die Mitarbeiter im Einkauf entsprechend geschult, um erfolgreiche Rahmenvertragsverhandlungen durchführen zu können?

9. Gibt es eine „Rahmenvertrags-Roadmap" in dem festgehalten wird welche Prioritäten und mit welchen Lieferanten wann ein Rahmenvertrag abgeschlossen wird (Achtung: weniger ist mehr und berücksichtigen Sie die Zeiträume für Abstimmung und Verhandlung, sie können sich in einigen Fällen über Monate hinziehen)?

10. Sind Zielvereinbarungen mit der Unternehmensführung und den Mitarbeitern getroffen worden, die festlegen, welche Rahmenverträge und wann abgeschlossen werden sollen?

11. Besteht ein entsprechender Musterrahmenvertrag im Unternehmen und ist dieser aktiv zwischen Einkauf und Rechtsabteilung besprochen und erstellt worden bzw. wann ist der Inhalt das letzte Mal gemeinsam überprüft worden?

12. Wann ist zum letzten Mal der Inhalt des bestehenden Rahmenvertrages mit den Zielen des Unternehmens und des Einkaufs abgeglichen worden?

13. Sind mit der Rechtsabteilung mögliche Gestaltungsoptionen des Rahmenvertrages durchgesprochen und vereinbaret worden (z. B. alternative Texte für Produkthaftpflicht, Gerichtstand, anwendbares Recht, Schiedsgericht, Garantie, Mängelhaftung etc.)?

2. Verhandlungen mit Lieferanten

1. Ist dem Lieferanten mitgeteilt worden, was mit dem Abschluss eines Rahmenvertrages erreicht werden soll?

2. Ist dem Lieferanten vor den Verhandlungen bereits eine Kopie des Rahmenvertrages übermittelt worden, damit er sich auf die Inhalte im eigenen Hause im Voraus abstimmen kann? Dadurch können die Verhandlungen zügiger und ergebnisreicher gestaltet werden.

3. Ist der Lieferant bereit mit Ihnen den Weg mit Rahmenverträgen zu gehen oder muss er dazu gezwungen werden? Ist letzteres der Fall sollte eher ein Lieferantenwechsel in Betracht gezogen werden.

4. Sind die Anlagen zum Vertrag (Preisbasis, Qualitätsvereinbarung, logistische Anforderungen etc.) entsprechend erstellt und im Hause abgestimmt worden?

5. Werden die Verhandlungsergebnisse und -schritte entsprechend dokumentiert und werden Verhandlungsprotokolle zur Dokumentation erstellt?

6. Werden die anderen Bereiche (Qualität, Technik, Produktion, Vertrieb etc.) in den Verhandlungen mit einbezogen?

7. Kann der Lieferant in die Kommunikationstechnologie (E-Mail, Internet etc.) des Unternehmens eingebunden werden und sind die Kommunikationswege und Kontaktpartner eindeutig festgelegt worden?

8. Kann mit dem Lieferanten eine *Open Book Policy* betrieben werden?

9. Ist der Einkäufer entsprechend vorbereitet und hat er sich einen „roten Faden"
für die Verhandlungen erstellt?

3. Internationale Verträge und Verhandlungen

1. Sind entsprechende Sprachkenntnisse bei den Mitarbeitern vorhanden?

2. Existiert eine englische Übersetzung des Rahmenvertrages und seiner Anlagen,
die mit internationalen Lieferanten als Diskussionsgrundlage dienen kann?

3. Sind Kenntnisse über das internationale Vertragsrecht (z. B. CISG, INCOTERMS)
vorhanden?

4. Deutsches Recht, AGB's und ein deutscher Gerichtstand sind im internationalen
Geschäft nur bedingt anwendbar

5. Bei den Anlagen: Sind entsprechende englischsprachige Dokumentensätze
(z. B. Zeichnungen, Spezifikationen, Qualitätsvereinbarungen etc.) vorhanden?

6. Ist der Lieferant über die mögliche Einbeziehung externer Dienstleister (z. B.
Einkaufsbüros, Qualitätshäuser) informiert?

Beim internationalen Kaufvertrag sollten vor Verhandlungsbeginn grundsätzlich folgende Punkte abgeklärt sein:

– Präambel festlegen,

– genaue Beschreibung des Kaufgegenstandes,

– Festlegung des Kaufpreises,

– Zahlungsbedingungen,

– Eigentumsübertragung,

– Liefertermine und Vertragsstrafe bei Terminverzug,

– Transport und Versicherung,

– Gefahrenübergang und Haftung/Gewährleistung,

– Auftragsabwicklung,

– anzuwendendes Recht,

– Erfüllungsort und Gerichtsstand bzw. Schiedsgericht,

– Vertraulichkeitserklärung,

– Währungsschwankungen.

4. Nach Vertragsabschluss

1. Besteht ein Vertragsmanagement im Einkauf in dem festgehalten wird, welche Verträge abgeschlossen wurden, wo sie abgelegt sind, wann die Verträge erneuert werden müssen etc.?

2. Ist den übrigen Bereichen im Hause bekannt welche Rahmenverträge mit welchen Lieferanten existieren?

3. Wird regelmäßig durch den verantwortlichen Einkäufer überprüft, ob die Inhalte des Rahmenvertrages noch aktuell sind und wann der richtige Zeitpunkt zur Neuverhandlung des Vertrages gekommen ist?

Literatur

Einkauf, Studienwissen kompakt; Klaus Dieter Lorenzen/Wilfried Krokowski; SpringerGabler 2018; ISBN 978-3-658-07221-6

Band 18 Praxisreihe Einkauf/Materialwirtschaft; Internationales Vertragsmanagement; Wilfried Krokowski/Sven Regula; dbv Betriebswirte Verlag ISBN 978-3-88640-151-2

Stichwortverzeichnis

MIX
Papier aus verantwortungsvollen Quellen
Paper from responsible sources
FSC® C105338

Printed by Libri Plureos GmbH
in Hamburg, Germany